吴吞 编著

看透A股涨跌

读懂股市新闻

清华大学出版社
北京

内 容 简 介

本书除了对股市新闻进行了一般书籍都会做的理论上的剖析之外,还对现金分红、高送转、定向增发、限售解禁、利率调整等常见的股市新闻进行了深入解读和投资策略分析,并讲述了我原创的让人耳目一新的消息面投资策略。

本书不是那种摆出一大堆理论而最后结论却模棱两可的书籍,绝对干货满满、观点清晰!在保证内容专业的同时,还具备语言通俗易懂、生动形象的特点,即使完全不具备金融基础的朋友也不会觉得难以理解。本书不仅是消息面投资者的宝典,还是新股民入门和进阶的最好选择。

图书在版编目(CIP)数据

读懂股市新闻,看透A股涨跌 / 吴吞编著. 一北京:清华大学出版社,2017(2025.3 重印)
ISBN 978-7-302-46479-2

Ⅰ.①读… Ⅱ.①吴… Ⅲ.①股票投资—基本知识 Ⅳ.①F830.91

中国版本图书馆 CIP 数据核字(2017)第 024631 号

责任编辑:张立红
封面设计:邱晓俐
版式设计:方加青
责任校对:萧庆敏
责任印制:杨 艳

出版发行:清华大学出版社
　　网　　　址:https://www.tup.com.cn, https://www.wqxuetang.com
　　地　　　址:北京清华大学学研大厦 A 座　　　　　邮　　编:100084
　　社 总 机:010-83470000　　　　　　　　　　　邮　　购:010-62786544
　　投稿与读者服务:010-62776969,c-service@tup.tsinghua.edu.cn
　　质 量 反 馈:010-62772015,zhiliang@tup.tsinghua.edu.cn
印 装 者:涿州市般润文化传播有限公司
经　　销:全国新华书店
开　　本:170mm×240mm　　印　张:14　　　字　数:221 千字
版　　次:2017 年 6 月第 1 版　　印　次:2025年3月第 8 次印刷
定　　价:49.00 元

产品编号:073198-01

前言

"你不理财，财不理你。"当今社会，投资理财已经成为一种必备技能。炒股作为最大众的投资方式更受到了广泛关注，而我国很多新股民求道无门，老股民无所适从，所以我想写一本相关书籍来帮助这些朋友更顺利地入门和提高。经过深思熟虑，最终我选择了以大多数股民都会关注的股市新闻作为主题，围绕股市新闻，却又不止于股市新闻，将我的一些投资经验和个人心得体会也贯穿书中。本人独特的投资经历和人生感悟注定了这是一本特立独行的书，"只此一家，别无分号"。本书也许不是最专业的股市新闻解读，但绝对是最适合想要入门和提高的股民朋友们阅读的书籍。

本书特色

1. 内容实在又实用，可复制性强

市场上有的书籍，内容长篇累牍，语言深奥难懂，提出的理论对投资到底有何帮助作者却含糊其辞。乍看之下，很多专业术语和高端理论是我们心中的惊为天人之作，然而仔细拜读之后，发现理论记住了一堆，炒股水平却毫无提高。我们学习是为了学以致用，如果知识不能转化为生产力，那么那些知识有何用？在这点上，本书做得比一般书籍要好：本书化深奥为浅显，方便读者理解；针对股民常犯的错误提出建议，实用性强；结合多种情况具体分析，可复制性强。

2. 本书内容客观，观点符合实际

市场上很多投资策略类书籍宣扬一种"一招鲜，吃遍天"的错误思想，他们提供一种所谓的"放之四海而皆准"且"打遍天下无敌手"的交易策略，

这显然不可信。股海无涯，世事无常，几次的成功便以为掌握了股市真理，岂不可笑？反观本书，从未想过给读者提供"万金油式"的策略，而是希望股民能够根据情况具体分析，权衡风险与机会，保持一种能进能退的投资风格。

3. 本书语言通俗，讲解深入浅出，便于读者理解

解读股市新闻必然会牵涉很多专业性理论，我大可以摆出一些高大上的理论来为本书贴金，但是我没有这么做。一方面，我认为化深奥为浅显，化抽象为形象更能体现一个人的水平；另一方面，这样对读者更有好处，因为我的金融学知识皆是自学而来，所以我能够轻松地将那些专业性的理论转化为通俗的语言，方便读者朋友们理解。

4. 重视"对"，也重视"错"

很多时候知道何谓"错"比知道何谓"对"更重要。首先，生存是股市的第一要义，知道何谓"错"，才能保证生存，才能谈发展。其次，做对的人各有各的方法，而做错的人往往掉进了相似的陷阱，所以"错"大家学了都有收获，"对"却因人而异。本书的一大特点就是既重视"对"也重视"错"，比如文中利好出尽是利空，股价倒挂导致定增取消等内容都体现了本书对"错"的重视。

本书内容及体系结构

第一篇　解读股市新闻须知

在进行新闻解读之前先给读者介绍一些解读股市新闻必须要知道的事项，比如研究消息面的意义，如何正确解读利好、利空。之前对股市新闻有一定了解的读者读了本篇，一定会感觉耳目一新，有些前所未有的感触；初学者阅读本篇则保证你能有一个良好的开始和正确的学习方向。

第二篇　行业新闻篇

江湖武林派系林立，股市中也派系林立。同一行业及板块中的股票往往一荣俱荣，一辱俱辱。因此行业发展状况对属于该行业的股票影响重大，而这一切皆依赖于对行业新闻的解读。行业新闻篇教你深入解读新闻对行业的影响、行业特性和各行业板块之间的联系等内容。

第三篇　上市公司篇

股市新闻的主要构成部分便是上市公司发布的公告，这些公告往往包含了上市公司的利润分配、股权变动、经营业绩披露、重大事项等重要内容，因此其中蕴含了大量的投资机会以及风险预警。本篇的作用就是帮助读者解读上市公司的相关公告，并寻找其中的投资机会和风险预警。

第四篇　宏观环境篇

"不谋万世者，不足以谋一时；不谋全局者，不足以谋一域。"不论何时，宏观环境都是一个不可忽略的重要因素。写作本篇的目的就是帮助读者通过解读相关新闻来更好地判断宏观环境对股市的影响，本篇不仅有各类宏观数据变动对股市的影响，更有我用寓言形势表示出来的大盘走势判定法，通俗易懂，便于理解。

本书读者对象

- 希望快速入门的新股民
- 投资结果不尽如人意，想更上一层楼的老股民
- 将新闻作为择时择股依据的各类投资者
- 各财经专业的大中专院校学生
- 工作与股市新闻相关的从业人员
- 其他对股市新闻有兴趣的各类人员

本书由吴吞（本名吴晓峰）组织编写，同时参与编写的还有张昆、张友、赵桂芹、郭现杰、陈冠军、姚志娟、魏春、张燕、孟春燕、项宇峰、肖磊鑫、李杨坡、刘春华、黄艳娇、刘雁、朱翠元、郭元美、吉珊珊。

目录

第三篇　上市公司篇

第一篇
解读股市新闻须知

第1章　研究消息面的意义

我们进入股市都是为了赚钱而不是学习知识，因此我们在学习与研究股市知识的时候要非常注重实用性，学以致用才是我们的目的。那么研究消息面的意义何在呢？三句话：

消息左右人心，人心影响供求，供求决定价格波动。

1.1　消息左右人心

消息对人心的影响有多大？先给大家分享一下下面这个故事。

世界著名投资大师沃伦·巴菲特在伯克希尔1985年的年度报告里，与他的读者一起分享了格雷厄姆的这则寓言故事——"地狱里发现石油了"。

有一个石油勘探者在上天堂的时候，圣彼得告诉他一个坏消息。圣彼得说："你的确有资格进天堂，可是你也看到了，分配给石油勘探者居住的地方已经客满了，我实在没有办法把你安插进去。"那个石油勘探者想了一会之后问圣彼得说："我可不可以跟现在住在那里的人讲一句话？"圣彼得想，让他说句话也无妨。那个石油勘探者于是合起他的双手成杯状，放在嘴边大喊："地狱里发现石油了！"忽然之间，大门开了，所有的人蜂拥而出向地狱冲去。这给圣彼得留下很深的印象，他立刻邀请这位石油勘探者搬进去，无拘无束地住在那里。结果这位石油勘探者犹豫了一下说："不，我想我还是跟那些人一起去好了。他们都毫不思索地往地狱跑，或许地狱真的有石油。"

在我国A股市场，很多股民根据消息面投资，然而他们真的能够很好地解读那些新闻吗？未必，他们所看的往往都是经过别人分析的"二手消息"。这样就存在两个问题：首先，这种分析是否善意；其次，这种分析是否正确。很多时候有些消息的解释看起来合情合理，实际上经不起推敲，比如那个"地狱里发现了石油"的故事，可能会有分析师就鼓吹道"石油一般在地下，所以在地狱发现石油是很有可能的"。在这个市场上曾经有很多人争口相传的"喜讯"，过后才发现所谓的天大利好消息竟把许多跟风的股民带向坟墓。我就举一个离我们很近的中国中车的例子。

2015年5月6日，南北车申请停牌，完成合并，股票改名为"中国中车"。外界很难知晓南北车合并的真正时间节点，如果按照发布公告时间节点算，南北车战略大合并是从2014年10月24日开始，当日中国南车收盘价5.80元，晚间发布停牌公告，"正筹划重大事宜"。2014年12月31日，中国南车复牌，"大象起舞"，一字涨停，自此股价走上急速上升通道。截至2015年5月7日停牌，中国南车涨幅为407.76%，中国北车涨幅为364.81%，二者均远远跑赢同期上涨32.76%的上证指数。南北车无敌的神话就这样印刻在了广大股民的心里。

如图1-1中国中车（601766）日K线图所示，2015年6月8日南北车合并而成的中国中车复牌，一字涨停板开盘，无数股民奔走相告"神车回归"，纷纷掏出家底准备搭上这班车。同日，中金公司发布的研报题目是"中国中车，王者归来"，他们认为："中国中车是全球轨道交通装备领军企业，南北车整合后净利润率有望从现行的4.8%最终提升到10%以上，收入规模有望达到6000亿元。若能维持对中国中车'推荐'评级，A股12个月目标价35元，H股12个月目标价18港币。"这个消息更加增强了股民的买入欲望，然而第二天股民喜滋滋买入之后，中国中车的走势却让他们目瞪口呆。2015年6月9日，中国中车以35.64元的涨停价格开盘。但在随后短短的5分钟内，股

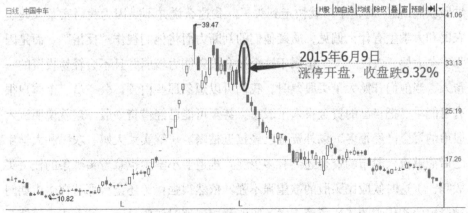

图1-1 中国中车（601766）日K线图

价却出现了大幅跳水的走势，最终以9.32%的跌幅收盘。此时，不少以涨停价格开盘抢进的股民也无奈"中枪"，而之前期盼的"美梦"瞬间变成了"噩梦"！

三人成虎，人言可畏。世界如此喧嚣，真相何其稀少。正确、客观地解读股市新闻已成为这一代股民必不可少的技能。

1.2　人心影响供求

"消息左右人心"不就代表了人们有了买入和抛售的欲望了吗？既然有了欲望，人们不就会付诸实践吗？那么何必多此一举加入一条"人心影响供求"呢？

事实是，有了欲望未必会付出行动，还要考虑到当时特定的市场环境。比如"白菜买一送一"，你心动了，很有可能会立即付诸行动；"LV包包买一送一"，你可能也心动了，然而基于自身的经济实力和消费观念，你未必会付诸行动。股市总市值较低的时候，场外资金充盈，这时候股民有买股欲望，很可能会付诸行动，然而牛市末期，场外资金枯竭，这时候人们的买股欲望强不强？依然很强！但是股价并不会进一步走高，因为这时场外资金已经接近枯竭，多头已经没有办法将增持的欲望付诸实践。

"判断牛市何时到头"有一种简单有效的办法：当你发现菜市场卖菜的大妈卖菜之余都在讨论股票，新闻报道"××县出现炒股村""大学生×××炒股获利n倍"时，牛市就快走到头了。我这么说并不是因为我对卖菜大妈、农民和大学生有什么偏见，质疑他们的判断力而将他们视作"反指"。而是因为卖菜大妈、农民、大学生属于这个社会投资能力较弱并且不会轻易投资的一帮人，当他们开始大量买股票时，我们可以想象那些白领、公务员、个体户很有可能早已把自己的资金投入了股市，甚至可能已经借贷炒股。这就说明流入股市的资金已经很多，场外资金已经接近枯竭。（继卖菜大妈、农民和大学生之后能够流入股市的资金还会有多少呢？难道要小学生也拿着买辣条的钱去买股吗？）这时候股民买股的欲望强不强？依然很强！（还记得那首在牛市期间被股民争相传唱的《死了都不卖》吗？我相信那时候要是有人给多头一笔钱，他依然会用来买股票，但问题是多头已经没钱了）多头们空有增持欲望却无法付诸实践，然后当股价出现波动之后，原先的获利盘会疯狂抛售股票，导致供求关系改变，造成所谓的"多杀多"。

买股意愿和买股行为是两回事，只有将意愿转化为行动才能够影响需求。所以我说的是"人心影响供求"而不是"人心决定供求"。

1.3 供求决定价格波动

去买菜的时候我发现菜价经常波动，这种波动多是由于自然气候变化造成产量变动而改变供求关系所导致的。我意识到"商品的价格涨跌是由供求关系决定的"。那么股票算不算是商品？股票也是一种特殊的商品，股价波动也是由供求关系决定的，从这一点看，股票和白菜并没有什么区别。

如表1-1所示，风调雨顺白菜丰收，供>求，白菜降价；霜冻导致白菜减产，供<求，白菜涨价。

启动IPO，上市公司数量增加，供>求，股价下跌；银行降息，比起存款人们更倾向于投资，供<求，股价上涨。

表1-1 供求对白菜价格和股票的影响比较表

	供求关系	价格波动
白菜价格	霜冻减产，新闻报道"吃白菜美容"等 卖方市场，供<求	白菜涨价
	白菜产量激增，"毒白菜"事件等 买方市场，供>求	白菜降价
股票价格	银行下调利率，暂停IPO等 卖方市场，供<求	股价上涨
	经济低迷，人民缺乏投资欲望等 买方市场，供>求	股价下跌

当供<求时，商品短缺，消费者争相购买，销售者趁机提价，买方不得不接受较高的价格以满足自身的需求，于是就出现了"物以稀为贵"的现象，这时商品的价格就高。同理，当供>求时，商品过剩，销售者竞相出售，购买者持币待购，卖方不得不接受较低的价格以减少他们过剩的存货，于是就出现了"货多不值钱"的现象，这时商品的价格就低。

很多人认为股价涨跌是因为股票内在价值变动。这些人会得出这个结论是由于当公司披露年报和季报时，业绩大幅上升的公司股价往往会上涨。但是经过仔细思考，我个人认为这种说法是站不住脚的。当披露的年报和季报显示公司业绩大幅上升的时候，业绩已经上升，股票内在价值已经增加，然而股价并未大涨，而是在"业绩大幅上升"这个消息披露之后股价才有所表现。而且在年报披露前几个月部分上市公司会发布《业绩预告》，如果在《业绩预告》中预计业绩将大幅上升，这时候股价也会上涨。然而此时公司业绩并没有上升，股票的内在价值也没有增加。我们再看看A股市场"新股无敌"的神话，新股上市后往往连续十几个一字涨停板，这些高溢价发行的新股难道就比市场原有的股票更有价值？真正的原因还是新股上市后有无数的买盘而几乎没有抛压盘，这种供<求的关系。由此推断供求关系才是决定股价涨跌的真正原因，股票内在价值不过是影响供求关系的一个重要因素。

这个市场上出现过一些能够让人暴富的机会，国库券的回购、第一批认购新股、92认购证、一级半认购市场、转配股机会、国债期货机会，等等。这些极端的价格波动也可以用供求关系来解释。拿近几年价格暴涨的比特币举例。比特币网络通过"挖矿"来生成新的比特币。所谓"挖矿"实质上是用计算机解决一个复杂的数学问题，来保证比特币网络分布式记账系统的一致性。比特币网络会自动调整数学问题的难度，让整个网络约每10分钟得到一个合格答案。随后比特币网络会新生成一定量的比特币作为赏金，奖励获得答案的人。比特币的固定总量一共只有2100万个。这2100万个并不是说市面上流通的比特币一共有2100万个，而是比特币的数量上限是2100万个。货币系统曾在4年内不超过1050万个。正是这种供不应求的关系造成了比特币价格的暴涨。所以说，懂了供求关系就懂了价格波动。

1.4 区分特定的市场环境

消息面投资可称为"股海听风"，"风"指代的就是股市新闻。然而本书并不是简简单单告诉你一条新闻是利好还是利空，而是区分特定的市场环境，考量这些新闻对股民心理的影响，这种心理影响会使供求关系产生怎样的改变，以及股价会如何随着供求关系的变化而波动。就好比海面上吹来一阵风，我们应当不会简单地说这是下行风还是上行风，而是代入特定海域，分析这阵风会掀起怎样的浪。

很多人认为股市新闻的用处不大，就是因为他们生搬硬套，不经过比较就觉得类似的新闻对股价就该有相似的刺激作用。

生活中我们可以发现"猪肉涨价后会很快回落"而"实用油的涨价则会持续很长时间"。这是因为猪肉涨价了，人们会选择购买羊肉、牛肉，对猪肉的需求随着供应减少而减少，猪肉价格就会较快回落。然而食用油属于生活必需品，人们不仅不会减少需求而且由于害怕进一步涨价会多买一些放在家中备用，这样会进一步加剧供不应求，使得食用油价格继续上涨。同样是供不应求导致的猪肉和食用油涨价，带来的结果却并不相同，这就是由于市场环境的差异造成的。我们再来分析股市。

拿高送转来举个例子，甲股和乙股同日进行高送转，甲股高送转除权之后走出了填权行情，而乙股高送转除权之后却是贴权走势。这就很有可能是因为：

（1）乙股在高送转之前股价已经上涨，发生了"抢权"。

（2）甲股的高送转力度强过乙股，甲股10转20，乙股10转10。

（3）甲股流通值低，股性活，股价波动幅度大，乙股属于权重股，股价波动幅度小。

（4）乙股还属于医药板块，该板块由于假疫苗事件走弱，等等。

这是横向区分，再看纵向区分，比如丙股和丁股股性类似，也属于同一板块，并且高送转都是10转20，但是丙股是在牛市的时候实施高送转，丁股是在熊市的时候实施高送转，那么丙股的涨幅会明显高于丁股。

在接下来股市新闻解读章节中，对于每一类型的新闻我会区分特定的市场环境做一些分析，但不可能面面俱到。一本解读股市新闻的好书要做到化繁为简，把复杂的理论说得生动形象；而读这本书的人也要举一反三，而不是盲目模仿。何谓化繁为简？某实验要求测量一个小铁块的体积，别人计算得不可开交，而我把小铁块往量筒里面一丢，看水位上升了几毫升，就得知了铁块体积。那何又谓盲目模仿？下一次实验要求测量小钾块体积的时候，小明也把它往量筒里一丢，结果小明悲剧了，因为钾遇水会燃烧甚至爆炸。

第2章　正确认识利好、利空

　　大多数消息面投资者亏损不是因为他们不能够分辨股市的利好与利空，而是他们没有结合股价前期走势以及市场情绪就盲目追逐利好、规避利空。

　　在《新华字典》中，利好指的是能刺激股价上涨的信息，利空指的是能刺激股价下跌的信息。这个释义的重点在于"能刺激"，利好与利空是刺激市场情绪与股民持股意愿的药剂，但是没有依据能够说明市场一定会朝着消息刺激的方向走。例如，当市场情绪与刺激方向相反时或者消息的力度不足时，股价的走势很有可能不同于消息刺激的方向。这和人吃多了同种药产生了抗体而导致药效失灵以及药剂量不足而无法产生药效是一个道理。

2.1　为何你错得如此准确

　　细心观察你还会发现，那些消息面投资者不仅错，而且错得十分准确，一买就跌，一卖就涨，准确到让他们怀疑是否有人在监视自己的交易而沉痛地抱怨自己的霉运。其实，你之所以错得如此准确不是因为你运气差，也不是因为市场窥视了你的交易，而是因为这个市场本身就是由千千万万个"你"组成的，人性的雷同性，外在环境的一致性，市场主力吸货出货的规律性导致了这种结果。

　　我用一个大多数人都经历过的小事来解释这个事件。我在上大学的时候经常逃课，我发现了一个现象：每次我不逃课老师不点名，我一逃课老师必点名。原本我总是抱怨自己霉运缠身，后来我意识到了这个现象背后的深层含义。"不逃课不点名，一逃课就点名"并不是因为我的运气太差，也不是因为我被老师针对了，同样是因为人性的雷同性、外在环境的一致性以及老师点名的规律性。细细想来，我每次逃课都与外界环境有一些联系，只是我一直忽略了这一点。比如，某天下雨懒得出寝室，前一天晚上有球赛深夜才睡，明天国庆买了车票提早回家。"某天下雨""前天球赛""明天国庆"这就是消息刺激！由于外在环境的一致性与人性的雷同性，这些消息不仅刺激了我，同时也刺激了我的同班同学，他们也有可能因为这些消息的刺激而选择逃课。最后造成的结果就是当天去上课的同学比平时少了很多，接着点名的规则性发挥作用"来上课的同学多时不点名，来上课的同学少时点名"。所以在我没去的那天老师点名了，我成了悲剧的"被点名者"。

如表2-1所示，与点名规则相类似，主力出货也有一套规则"接盘的散户少不出货，接盘的散户多才出货"，可怜的"被点名者"放在股市就唤作"韭菜"。这样看，逃课被点名与股民高位接盘其实很类似。

表2-1 大学生逃课与股民高位接盘比较表

	大学生逃课	股民高位接盘
消息刺激	今天下雨不想出门 昨天意甲联赛看得太晚 明天国庆，想提前回家	高位利好
人性选择	逃课	买入
一般规则	来上课的人多不点名 来上课的人少就点名	接盘的人少不出货 接盘的人多就出货
悲剧结果	被点名	被收割

成为少数成功的人是多数人的奋斗目标，但只有少数人能迈出多数人的圈子。出门在外要广交朋友，可逃课的时候如果呼朋唤友就注定失败；遇事要向他人咨询，但如果炒股遵循大众眼光也注定失败。炒股是需要独立思考的，炒股是需要反人性的，炒股是需要守住心中那份宁静的。拒绝人性的冲动，拒绝随手交易，理智解读利好、利空。

2.2 利好不意味着股价涨

新股民常犯的错误之一就是在利好兑现时买入接盘。表姐平时喜欢网购，双十一的时候她心想网店生意如此火爆，一定收益不菲，这段时间的盈利估计会通过股价反映出来。

于是，她在2015年11月11日当天买入电商股苏宁云商（002024）。结果，双十一之后苏宁云商不涨反跌，如图2-1所示。

图2-1　苏宁云商（002024）日K线图1

2015年双十一之前苏宁云商涨了不少，但是双十一当天却是收跌的，接下来的一段时间也是跌多于涨。2014年的情况也是如此，如图2-2所示。

图2-2　苏宁云商（002024）日K线图2

对比沪深300指数，2015年11月11日沪深300指数上涨0.27%之后横盘震荡，2014年11月11日指数下跌0.16%之后开始了持续上涨的大牛行情，这也是2014年11月11日主力出货之后上涨的原因。由此可以看出，在双十一当日买入是个很不明智的选择。对于这种人尽皆知的利好，市场主力一般会提前布局，这也是双十一之前有段上涨行情的原因，而在利好兑现当日，很多缺乏经验的股民买入接盘，主力正好借机出货。

这样的案例还有很多，比如《美人鱼》热映后的"光线传媒"，中秋节时的白酒股，国家电子竞技赛后的电竞板块……我再举一个典型的二胎概念的例子。由于国家全面开放二孩的利好政策频出，二胎概念股时常成为机构游资炒作的对象。

2015年4月举行的例行记者会上，国家卫生和计划生育委员会（以下简称卫计委）新闻发言人宋树立称："'单独二孩'不是句号。"这表明国家有进一步放开计划生育政策的打算。

2015年10月29日，中共十八届五中全会决定："坚持计划生育的基本国策，完善人口发展战略，全面实施一对夫妇可生育两个孩子政策。"

2015年11月10日国新办新闻发布会上，国家卫计委副主任王培安称："二孩政策实施需要全国人大修订《人口与计划生育法》和相关的配套措施，然后各地依法组织实施。全国人大修订法通过之日，就是这个政策生效之时。"

2015年12月21日，全国人大常委会第十八次会议审议《中华人民共和国人口与计划生育法修正案（草案）》。草案中明确，全国统一实施全面二孩政策，提倡一对夫妻生育两个子女。草案提出，本修正案自2016年1月1日起施行，也就意味着全面二孩政策元旦施行。

2015年12月27日，全国人大常委会表决通过了《人口与计划生育法修正案》，全面二孩政策将于2016年元旦起正式实施。

伴随着二孩政策的种种利好，二胎概念股市场多次成为炒作热点，受到了大多数股民的关注。当二胎概念最大的一个利好"二胎政策落实"公布时，许多股民大胆买入，然而股价并未像他们所想的那样一飞冲天，而是萎靡不振，更在熔断股灾时首当其冲地下跌，如图2-3所示。

图2-3 二胎概念股指数（8855540）日K线图

当然，你可能会说之后的持续下跌与熔断后整个大盘走势有很大的关系，但是如果你继续持股就一定会发现：在2016年1月1日之后，二胎概念股再也没有出现过像样的行情。因为在最大的利好公布之后，该板块已经出不了后续利好，对机构而言自然也就失去了炒作的意义。这就是常说的"利好出尽是利空"。

2.3 怎样正确追利好

上文讲了一些散户根据高位利好错误接盘的案例，那么正确追利好方式究竟是怎样，我认为需要注意以下4点。

1. 对于人尽皆知的利好：提前潜伏

人尽皆知，就该先人一步。有些利好是大多数人都可以发现的，比如双十一利好电商股，春节利好白酒股，上海迪士尼公园开放利好迪士尼板块等。对于这种有点判断力的人都能发现的利好，我们就要先人一步，提前布局，并且在利好兑现前离场。

2. 对于行业利好：判断是否有后续利好跟进

对于每一个被热炒的板块总是伴随着很多利好，被一步步推向高潮，然后伴随着最大的利好公布而归于平静。那些被热炒的板块都是如此，"风起于青萍之末，止于草莽之间"，利好刚出的时候你未必能意识到这代表着一个板块吹响了冲锋的号角，然而当你反应过来时，股价已高矣。比如，在2015年4月举行的例行记者会上，宋树立再次被问及这一问题时说："单独二孩'不是句号'，往下走的目的就是要促进人口长期均衡地发展。"那时我们就能意识到国家关于全面放开二孩肯定还有后续政策，也就意味着二胎概念股肯定还有后续利好，这就是极好的买入机会。

3. 对于已经被炒作过多次的板块出利好：板块联想

对于那些已经被热炒的板块出现利好后，主力炒作的意愿会消减，因为前期的多次炒作已经让该板块吸引了很多散户的注意，再一次公布利好时散户大量买入，筹码被分散，加大了主力拉升的难度。尤其当判断该利好缺乏后续利好的时候，主力更不会理睬那些经过爆炒的板块。这时候我们可以把目光转向这些板块的关联板块。比如二胎政策落实之后二胎概念板块就被冷落到一边，而另外一个让人意想不到的板块——迪士尼板块迎来了一波行情。"因为二胎政策落实，所以中国将会新增很多熊孩子，这些熊孩子将来会来迪士尼玩，迪士尼的业绩就能增加"，很多时候炒作只是需要一个理由。二胎政策落实一般人只能想到利好奶粉股和医疗股，炒作方向突然转变为迪士尼板块的确很难把握。

那么我们说些好把握的，因为特斯拉的缘故新能源汽车板块被热炒，之后炒作点转向关联板块充电桩，后来又关联到智能汽车和无人驾驶，这个板块联想的思路还是很清晰的。

4. 时刻不可忽视的一点：大盘走势

"不谋万世者不足以谋一时，不谋全局者不足以谋一域。"以上三点都要结合大行情来看。这种概念股上涨空间很大，但是下跌的时候也是首当其冲的。比如阿尔法狗战败李世石的时候人工智能板块反应并不大，然而之后的大盘反弹中，人工智能板块却成了那次反弹行情的主角。在之后章节中我会提到在特定情况下可以通过"抓主要变量法"和"利用中国特色政策市法"判断大行情，这只是适用于一些特定情况。当无法判断大行情并且整个市场情绪低迷的时候，"宁可错过，也不要过错"。

2.4 利空不意味着股价跌

图2-4是2016年有名的妖股山水文化（600234，现已改为ST山水）的走势，之所以说它是妖股，就因为在2016年2月的时候，该股在利空频出的情况下持续大涨。

2016年1月19日，山水文化发布2015年业绩预告称，公司预计2015年度亏损1500万元，较2014年同期亏损1091万元，亏损额进一步扩大。

同日，山水文化发布公告表示，公司就本次核销的1486笔应付款项"确实无法支付"的原因进行逐笔核实。经与会计师进行充分沟通，公司董事会决定撤销上述账务核销，待逐笔核查清楚后，再进行账务核销处理。同日，公司宣布股票复牌。

2016年2月5日，公司股东东营国际金融贸易港有限公司及其一致行动人孙承飞在信息披露和股份买卖等方面存在违规事项，遭到上交所公开谴责。

然而，自2016年1月29日以来，山水文化开始上涨，在短短9个交易日内实现了连续5个涨停，涨幅111.62%，如图2-4所示。

图2-4　*ST山水（600234）日K线图

有些即将被ST的公司，一出利空就疯涨，看起来让人摸不着头脑。事实上，不排除机构在背后操控，目的是防止利空消息发布之后，公司股价暴跌，容易引起股民踩踏式抛售。如果说，公司的利空消息发布后，股价却涨起来了，散户们可能会持观望态度，公司股价也就不会受到利空消息的影响。待股价稳定下来，这些资金再逐步撤出，还能获利，一举两得。"利空并不意味着股价跌"，这句话的意思并不是说我们在股价下跌且遭遇利空时候就该死扛，只是提供一种新思路。对于那些流通盘小、换手率高且经常走出独立行情的股票很多时候是由主力在支撑的，当大跌时主力出于自救的目的，往往会有一波拉升。

2.5　利好与利空是相对的

有这样一个故事，可能很多人都熟悉：话说一老太太有两个儿子，大儿子以卖雨伞为业，小儿子以卖阳伞为业。老太太常常为两个儿子的生意和生活发愁。如果艳阳高照，她就担心大儿子的雨伞卖不出去；如果天下大雨，她又担心小儿子的阳伞卖不出去。有人见她总是愁眉苦脸，就开导她："艳阳高照，你应该高兴，因为你小儿子的阳伞销路好了；大雨倾盆，你也该高兴，因为你大儿子的雨伞销路好了。"一语点醒梦中人,从此老太太像变了一个人似的,下雨,为大儿子高兴;天晴,为小儿子高兴。不论天气如何,她的心情都是阳光明媚。

正如阴雨晴阳是自然气候的组成部分,利空、利好也是证券市场的组成部分。如果"艳阳高照",那就是阳伞类股票持有者的机会,这时候雨伞类股票持有者就该抛售手中的股票,改为买入阳伞类股票;而如果是"大雨倾盆",那就是雨伞类股票持有者的机会,这时阳伞类股票持有者就该抛售手中股票,改为买入雨伞类股票。

比如,洪灾对种植业板块是利空,但是对水利行业而言却是利好;国际关系紧张,对进出口行业而言是利空,对军工和国防安全板块却是利好;新能源的开采有了重大进展对新能源是利好,对旧能源却是利空;二胎政策步步推进对奶粉、医疗板块是利好,对有避孕套业务的人福医药而言却是利空。

股市新闻是客观的,所谓利空和利好是主观的,站在不同角度,会解读出不一样的东西。

2.6 兴奋剂与镇静剂的启示

1. 多空力度很重要

我从小身体不算很好,中考的时候有项体能测验,为了让成绩好看点,我在测验前喝了两瓶我那时候所理解的兴奋剂——红牛饮料。然而我并没有感到兴奋,我的成绩也没有什么起色,这就是兴奋剂剂量的问题。设想如果我当时注射的是吗啡,那么还能是那么个情况吗?

同样是兴奋剂,剂量不同效果就不同;同样是利空和利好,力度不同效果就不同。力度是影响利空与利好效果的一个重要因素。通过一些经验我们大致能够判断什么样的利空和利好是强力度的,什么样的利空和利好是弱力度的。比如,"某机构给予买入评级,某专家称投资前景很大",这就是弱力度的利好;"暂停IPO,降低印花税,业绩预增",这就是强力度的利好。

2. 不可忽视的市场情绪

久居市场的人常常有这样的困惑:当市场狂热时,无论国家出台了多少打压政策，市场总会在一阵挣扎后继续疯涨；当市场萎靡的时候，无论国家出台了多少扶持政策，股价总是一副波澜不惊的样子。

当我们很兴奋的时候吃了安眠药也无法入睡，当我们困倦的时候喝了两大杯咖啡却也抵不住床的诱惑。当市场情绪高涨的时候，出现利空，股价视若无睹继续上涨；当市场情绪低迷的时候，出现利好，多头高喊"跟我冲锋"也没人理睬，股价继续萎靡。市场本身是有情绪的，当市场情绪高涨时，市场出现的利空很快会被市场消化，而随意一个利好就能激发人们极大的炒作热情；当市场情绪低迷时，利好很有可能会被视而不见，而随意一个利空都能激起千层浪。

不要单独解读某则消息，要把消息放在市场整体氛围中去考量。很多所谓的出利空而上涨，那利空只不过是燥热夏季拼命摇动的蒲扇。然而那个夏季，风都是火热的。所谓出利好而下跌，这利好不过是寒冬腊月往外泼出的一瓢热水，水还没落地，已化为了冰。

股市新闻不能直接影响股价，消息刺激人心，人心影响供求，供求决定价格。所以，当我们研究股市新闻的时候不能只简单地判断这条新闻是利好还是利空，还需要带入整个市场氛围去考量它对人心的影响。

第二篇
行业新闻篇

第3章 牵一发而动全身——板块

　　江湖武林派系林立，股市中也派系林立，股市中的这些派系被称作板块。同一板块中的股票往往一荣俱荣，一辱俱辱。如果注意观察每天的涨幅榜或者跌幅榜，不难发现：涨跌幅靠前的股票多数时候会以板块形势出现。比如世界杯前啤酒股齐涨，美元加息黄金股齐跌。正是由于这种齐涨齐跌的特性，投资者不得不重视所选标的所属的板块。

3.1 板块划分

　　板块的划分很复杂，有以行业类型划分的，如家电板块、OLED板块、创投板块；有以地域来划分的，如粤港澳自贸区板块、安徽板块、深证本地股板块；有以个股类型划分的板块，如新股与次新股板块、ST板块；有以重大事件进行划分的，如一带一路板块、深港通板块；甚至还有以名人持股划分的板块，如王亚伟板块、马云概念板块等。凡此种种，不一而足。

　　一个板块会包含很多股票，而同一只股票也会分属于不同板块。部分上市公司见到某些板块正炒得热火朝天，就刻意使自己跟那些板块搭上边。先看看下面这个笑话。

　　"我计划收购200个厕所，谋求创业板上市。理由：处理大小便，有环保概念；检验大小便，又有了医疗大健康的概念；加个WIFI，开通APP找公厕功能，有了'互联网+'的概念；再从新疆往江浙一带收购，有一带一路概念；装个自动门，就是工业4.0；屋顶加个光伏，就是新能源；搞个自动感应冲水，就是机器人；搞个刷卡收费，就是大金融；墙上贴几个广告，又有了新传媒；门口坐俩要饭的，又有了P2P众筹；门口再种些蔬菜，就是大农业；对军人免费，军工概念也有了。这么牛叉的IPO，开盘肯定翻个几十倍。等开板了，蹲坑换马桶，用日本马桶盖，资产注入重组，又有好几十倍涨幅，名字都想好了，叫香阁里拉。等板够了，再改名，叫中坑集团，中字头。中字头炒得差不多了，再进行男女厕合并，叫中国中厕。哈哈哈，等着数钱吧！"

图3-1　同花顺上分属于20个板块的苏宁云商

很多股票虽然分属于多个板块（如图3-1所示，同花顺上苏宁云商就分属于20个板块），但是它的走势主要受其中一两个板块影响。当你发现所选标的分属于很多板块时，你需要去了解哪个或哪几个板块才是对该股有较大影响的。同花顺PC版中，点击个股资料，会出现一个概念强弱排名，这是一个不错的方法。

如图3-2所示，妖股暴风集团（原名暴风科技，300431）在同花顺上分属于"VR、文化传媒、智能穿戴、手机游戏、体育产业、网络视频、网红、魔兽概念"这8个板块，然而暴风集团作为VR板块的龙头，VR板块才是对它影响最大的板块。要按照个股所在板块来寻找投资机会的话，一定要找这种对个股影响大的板块；反过来，板块有利好的时候在板块中寻找个股也要找和板块关系密切的。

图3-2　同花顺上暴风集团（300431）概念强弱排名

3.2　常备型板块

年年岁岁人不同，岁岁年年花相似。春兰、夏竹、秋菊、冬梅，皆一时之景也。花花世界、普罗大众，这世间有些事总会习惯性地发生，比如公鸡打鸣，秋日落叶。套用《圣经》中的一句话来形容这种事情就是，"所行之事，后必再行；所有之事，后必再有；日光之下，并无新事。"板块的炒作中也有这种习惯性的机会，因为有些事情每年都会发生，而这些事件对某板块又是一利好，我将这种机会称为"常备型板块机会"，比如节日时的白酒股和旅游股、雨水季的水利股、炎炎夏日的啤酒股，等等。

江湖就曾流传过一首四季歌："冬炒煤来夏炒电，五一十一旅游见，逢年过节有烟酒，两会环保新能源；航空造纸人民币，通胀保值就买地，战争黄金和军工，加息银行最受益；地震灾害炒水泥，工程机械亦可取，市场商品热追捧，上下游厂寻踪迹；年报季报细分析，其中自有颜如玉。"

"冬炒煤来夏炒电"冬天的时候北方需要供暖，煤炭需求大，所以是煤产业的旺季；夏季的时候空调终日不断，所以夏季的时候电力行业的业绩好。"五一十一旅游见，逢年过节有烟酒"，"五一""十一"等节日正式旅游的最火热的时候，所以利好旅游板块；中国人逢年过节总爱喝两口，所以年节利好白酒板块。"两会环保新能源"，环保和新能源几乎是每年两会必提的内容，近几年又多了双创、"互联网+"等常提及的议题。

"航空造纸人民币"，因为制造飞机的很多材料是从国外进口的，很多债务都是以美元计算，造纸业的原料如纸浆也是以从国外进口为主，所以人民币升值会导致以美元计算的成本和债务减少。"通胀保值就买地"，通货膨胀的时候投资房地产来保值，这一点是建立在当年房价只涨不跌的基础上的，现在看来以后房价会怎么走谁也不知道，通胀的时候要保值还是买黄金吧。"战争黄金和军工"，战争需要军备物资，利好军工股是显而易见的。同时，在人们心目中黄金是永远的硬通货，"盛世股票，乱世黄金"，战争的时候人们害怕资产贬值会将资产转换为黄金，从而推高金价。"加息银行最受益"，加息也就是银行的利率提高了，提高存款利率会吸引更多的群众把钱存进银行，银行就有更多的钱来放贷。提高贷款利率则是直接增加了银行收入。

"地震灾害炒水泥，工程机械亦可取"，地震往往带来一个地区的房屋坍塌，基础设施毁坏，因此震后就大兴土木重建家园，利好水泥板块、工程板块和机械板块。"市场商品热追捧，上下游厂寻踪迹"，市场商品受到追捧可以去上下游产业寻找投资机会，比如发电和钢铁的上游原料就是煤炭、焦煤。

3.3　板块关联

板块是具有关联性的，概括来说板块之间的关联分为正相关和负相关。某板块走俏时，我们不仅可以去投资该板块，还可以投资该板块呈正相关的板块；而某板块如果发生了什么恶性事件导致股价泥沙俱下，我们则可以去投资该板块的负相关板块。

比如新能源汽车板块和充电桩板块、锂电池板块，电子竞技板块和网红板块就是正相关板块；奶制品板块和豆制品板块，二胎概念板块和避孕概念板块就是负相关板块。这里我各举一个例子。

先是正相关的例子，图3-3是充电桩指数（885461）和锂电池指数（885710）的日K线叠加图，可以发现两指数的走势非常相似。

然后我们再来看看负相关的例子。做婴幼儿奶粉的贝因美（002570）和拥有"杰士邦"避孕套业务的人福医药（600079）走势差异很大，很多时候还呈相反走势，如图3-4所示。

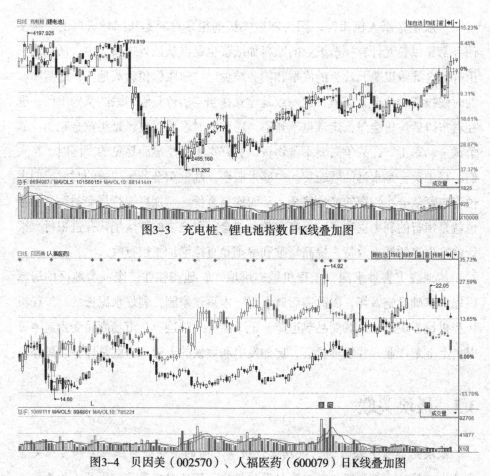

图3-3　充电桩、锂电池指数日K线叠加图

图3-4　贝因美（002570）、人福医药（600079）日K线叠加图

最后要注意，关注板块间的联系很重要，但不要妄想每次都能找到正在热炒板块的正相关板块。有些时候板块的关联按照正常人的脑回路是想不到的，还有一些板块被炒作起来恰好是因为想象力丰富的人将它和前期热炒的板块联系在了一起。比如，滴滴打车（2015年9月更名为"滴滴出行"）和优步导致了一个行业用户大幅减少，这个行业就是广播行业，出租车司机是广播的主要受众，滴滴打车出来后，很多司机为了即时接单都少听或者不听广播了。再比如，2016年1月1日正式实施二胎政策后，二胎概念利好出尽已经没有了炒作价值，结果另一个股票被炒作起来了——迪士尼。"因为二胎概念会给中国带来更多的熊孩子，这些熊孩子以后会去迪士尼玩"，这种神逻辑，谁能想得到？

3.4 板块轮动

在证券市场，一个板块不可能一直红火，你方唱罢我登场才是常态。牛市的时候板块与板块之间出现轮流上涨，从而推动大盘逐步上扬，这就是通常所说的板块轮动。

3.4.1 板块轮动的意义

每个板块都有其独特的背景，在特定情况下特定板块也会有其独特的表现机会，当板块轮动轮动至某个板块时，该板块往往会受到投资者的热烈追捧。因此，可以说板块轮动已经成为股市运行的一大基本规律。

大雁在集体迁徙的时候会经历一个漫长的飞行过程，在这个过程中大雁队的飞行速度能得到保持就是因为大雁队的头雁经常更换。只有强壮的大雁轮流带队才能保证雁队快速前行，如果一直是一只头雁在带队，最后不仅这只头雁会累死，整支雁队行进速度也快不起来。板块轮动也是这样，如果一个板块出了个大利好，这个板块或许会上涨一段时间，但是如果仅仅如此，对整个市场的意义不大，就好像波澜不惊的海面忽然出现几个小浪花。但如果在A板块涨完之后，B板块立马被炒作起来，B板块人气不足之后，C板块开始带头拉动股指，这就不是小浪花了，而是一浪接着一浪催生的惊天大浪。我个人认为板块轮动的意义就是保留和增加市场人气，进而催生一波牛市，牛市必有板块轮动！

为什么说板块轮动的意义是保留和增加市场人气呢？

如果没有板块轮动的话，当一个板块被炒高炒热之后，很多机构就要开始出货，而这时候正好是很多场外资金入场的时候，却只是在为他人接盘。这里我并不是在说所谓的"坐庄阴谋论"，并不是说主力在刻意诱惑散户来接盘，而是现实中散户总会在那个时候大幅买入，而资金体量导致机构需要选择在有大量承接盘的时候出货，所以才会出现这种情况。在没有板块轮动的情况下，虽然有场外资金入场，但是也有机构大量出货，所以一入一出总量变化不大，对整个市场影响也不大。

如果发生板块轮动，情况就大不同了。当一个板块被炒高炒热之后，场外资金大量入场，机构出货，但是机构出货之后资金会迅速流入下一个板块，这个板块被炒高之后又会吸引更多的场外资金入场，如此周而复始。在这种情况下，机构的资金一次出货之后不是就被套现了，而是被保留在了场内，市场内又增加了大量新入场的资金，这样股指自然被炒高了。所以说板块轮动的意义是保留和增加市场人气！因此，无板块轮动不牛市！

3.4.2 板块轮动的规律

观察几轮牛熊变化，我们可以发现板块轮动是有规律可循的。一般板块轮动都有如下规律：

权重股连续上涨→小盘绩优股、二线蓝筹和上一轮牛市表现突出的个股开始上涨→低价股上涨→题材股轮番表演→个股普涨→小盘股、个股、二线蓝筹股滞涨→权重股补涨→轮动结束。

第一阶段：在一波大行情的萌芽阶段，优质股和国企大盘股定海神针的作用十分关键。这些股很多属于权重股，权重股就是总股本巨大的上市公司的股票，它们的股票总数占市场总股票总数比重很大，因此权重股的涨跌对大盘指数的影响很大，被很多人当作判断指标，这些股票上涨最能稳定市场信心，凝聚市场人气。在平淡市的时候，即使冷门妖股暴涨也难以吸引场外资金入场，只有蓝筹股连续上涨才能彻底激活市场。

第二阶段：在一线蓝筹股上涨之后，市场信心逐渐恢复，市场开始渐渐聚集人气。但是这还处在一波大行情的早期阶段，这时候市场中的股民大都是有一定经验的老股民，选股还比较理智，不会疯狂追逐妖股。因此这时候炒作逻辑和基本面还有一定关系，在蓝筹股已经被炒过之后阵地转移到小盘绩优股和二线蓝筹股。同时，上一轮牛市表现突出的股票也会在这个时候被炒作，因为之前说了，这个阶段的股民主要还是有一定经验的老股民，所以上一轮牛市给人印象深刻的个股在这个阶段也容易被炒高。

第三阶段：等到这个时候市场信心已经完全恢复，市场氛围也已经非常火热。这个时候开始有大量的新股民入场，他们看见太多身边人炒股赚钱和新闻报道炒股致富的案例，他们也打算入市大赚一笔。但是这些新股民往往缺乏专业知识，他们择股的指标是什么呢？只有股价和新闻。他们觉得股价低就是便宜，完全不考虑总市值和股本，在这个阶段才会有人喊出"消灭低价股""消灭5元股""消灭10元股"这样的口号,所以在这个阶段低价垃圾股才会被热炒。他们看新闻也只会追逐市场热点,因此这个阶段题材股才会轮番表现。

第四阶段:这是一个鸡犬升天的阶段,因为业绩好的股票炒过了,低价股也炒得不低价了,题材股也炒了很多。大多数有上涨逻辑的股票都炒过了,但是这时候市场还意犹未尽,还有一些新股民攥着钞票正准备入场。既然已经找不到上涨的逻辑了,那索性不要逻辑。如果你问当时的股民为什么觉得股价还会上涨,那么他会回答你因为这是牛市。"这是牛市",这是那时唯一的炒作逻辑了。这时候的入场资金已没有什么流向,随机流入各个板块,所以造成普涨。

第五阶段:这时候一波大行情已经接近尾声了,因为推动股市上行的是场外资金不断入场。这时候连种庄稼的农民,卖菜的大妈,没什么经济实力的大学生都把积蓄拿出来买股票了,那以后还有什么场外资金能够入场? 因为没有新的场外资金入场来推高股市,所以很多股票开始滞涨了。最先滞涨的一般是早期被炒起来的二线蓝筹和小盘绩优股。这时候很多人已经开始担忧了,由于权重股走势比较稳定,于是他们把资金转入权重股中,同时股民们发现吹响牛市号角的权重股涨幅不大,权重股的补涨行情开始了。权重股补涨之后往往标志着一波大行情的结束。

在板块轮动的时候,如果读者对自己的短线操作水平有信心的话,大可以紧跟市场热点,在热点转换中操作得顺风顺水。如果读者没什么信心的话,不妨选择自己看好的板块耐心持股,静待板块轮动至此,坐享收益。

3.4.3 板块起落迹象

起起落落本是人间平常事,做一看客,见他起高楼,见他宴宾客,见他楼塌了。看多了,终觉有迹可循。要说什么标志着一个板块正在启动,概括说来就两个字"强势",一个板块怎么才算表现得强势呢? 主要看以下三点。

1. 看关注度

如果某天你看在新闻网站首页看财经新闻的话,发现有关某板块或者某行业的新闻报道居多,而且大多数是正面报道,说明该行业关注度很高。当该板块被热炒后,你发现某段时间关于该板块或者该行业的新闻报道很少时,说明热度在渐渐减去，人气也在渐渐散去，这可能是板块炒作到头的信号。

2. 看涨幅

论强势，最直接的自然是涨幅。涨幅大的股票自然强势，涨幅小的股票自然弱势。如果发现涨幅榜前例很多股票都属于同一板块，这可能意味着该板块即将启动；等到板块被炒热后，某段时间，该板块内那些曾经大涨的股票都表现得滞涨，这可能意味着，这波行情走到头了。

3. 看成交量

市场主力炒高一只股票至少有三个阶段：建仓、拉高和出货。在某个板块启动前夕，主力急于建仓的话就会使得该板块内股票K线图表现出放量的形态。我们可以观察该板块内股票的成交量，如果该板块很多股票连续几天放量，那么很有可能便是板块启动的信号；反之，板块内很多股票连续几天缩量，那么可能说明行情到头了。

3.5　寻找龙头股

龙头股指的是某一时期在股票市场的炒作中对同行业板块的其他股票具有影响和号召力的股票，它的涨跌往往对其他同行业板块股票的涨跌起引导和示范作用。同时龙头股一般也是一波行业行情中涨幅居前的个股，所以知道如何寻找龙头股对我们而言意义重大。

运用同花顺PC版，进入某板块指数，点击左边的"个股资料"就会出现该板块的"概念股排名"，如图3-5所示。

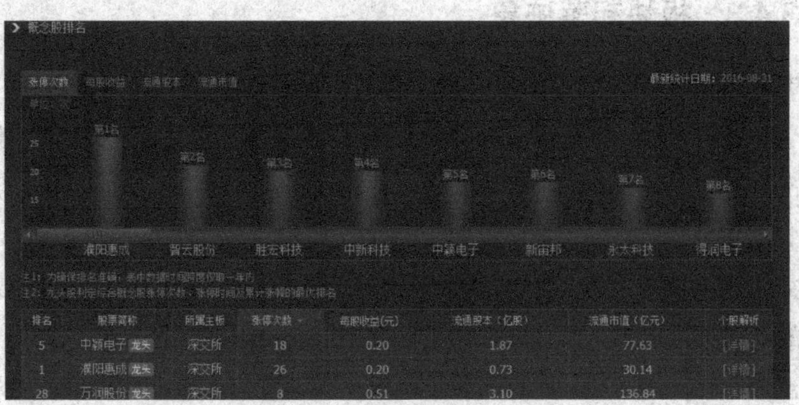

图3-5　OLED板块概念股排名

　　这里龙头股的判定是综合了一年内概念股涨停次数、涨停时间及累计涨幅得到的。在一个板块经历过一轮热炒之后用这种方法得到的结论比较准确。但如果某板块之前几乎没怎么被炒作，甚至刚划分出来没多久，用这种方法找到的未必是龙头股。

　　这种时候我们可以通过对该板块内个股近期的强势程度来判断龙头与非龙头。比如阿尔法狗战胜李世石，这对人工智能板块是一利好，而比赛是五局三胜制的，首场在2016年3月9日，末场在3月15日。3月9日，阿尔法狗第一次击败李世石，受这一消息的影响，3月10日人工智能板块内很多个股是以涨停价开盘的，结果因为当天大行情不好，很多股票都开板了，当天人工智能板块内最后收了一字板的只有科大智能（300222）这一只股票（如图3-6所示），所以我当时就认定了科大智能是人工智能板块最强势的股票。等到3月15日阿尔法狗总场战胜李世石之后，人工智能板块开启了一波炒作，科大智能在这波涨幅中表现得很突出。

图3-6　科大智能（300222）日K线图

　　选择龙头股对我们而言非常重要，因为在一波行情中，龙头股未必表现得最出色，但是涨幅肯定处于板块前例，所以在一次板块炒作中，选择龙头股就等于保障了收益。同时，龙头自然受万众瞩目，所以龙头股还起到指向和指标的作用，如果龙头股势如破竹地上涨，那么肯定让投资者对该板块信心大增，板块肯定被继续炒高；如果龙头股滞胀，那么意味着这波行情可能要发生变化了。

第4章 行业事件

　　每隔一段时间，一些行业就会发生一些对人群有一定影响的事件，比如开个什么大会、弄个什么节日、国家颁布什么政策，等等。这些事件往往会对该行业的上市公司的股价也产生一定影响，如果我们想要赚钱，我们就要去了解事件是如何影响上市公司股价的，以及炒家们是在事件之前炒作还是在事件之后炒作。下面我将举6个行业事件影响该行业上市公司的例子，前3个例子和后3个例子所代表的情况是不同的，读者先自己看看有何不同，文末我再做解释。

4.1 世界杯与啤酒行业

　　2014年巴西世界杯（英语：2014 FIFA World Cup）是第20届世界杯足球赛。比赛于2014年6月12日至7月13日在南美洲国家巴西境内12座城市中的12个球场内举行。这是继1950年巴西世界杯之后世界杯第二次在巴西举行，也是继1978年阿根廷世界杯之后世界杯第五次在南美洲举行。

　　世界杯对很多行业来说是一个利好，比如收视率的上涨和广告的投放利好传媒行业。为世界各国运动员和游客提供服务的地下和地面轨道交通车辆，来自中国北车集团，这对铁路建设行业又是一大利好。这里我只说世界杯对啤酒行业的影响，为什么说世界杯对啤酒行业利好呢？促进啤酒销量啊，世界杯、啤酒和麻辣小龙虾可是标配。

　　我们以燕京啤酒（000729）和惠泉啤酒（6000573）为例来看看世界杯期间（2014.6.12—2014.7.13）啤酒股的走势，如图4-1和图4-2所示。

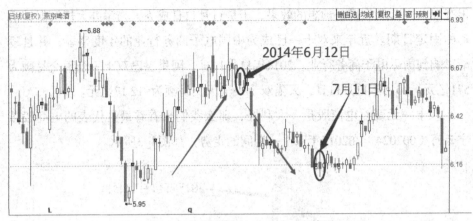

图4-1　燕京啤酒（000729）日K线图

图4-2　惠泉啤酒（600573）日K线图

　　因为2014年7月13日不是交易日，所以我标记的是7月11日。通过观察我们可以发现：无论是燕京啤酒还是惠泉啤酒在6月12日世界杯召开后股价都是不涨反跌。是不是和很多人设想的完全相反？我们再往前看一段时间，股价在6月12日世界杯召开之前反倒在上涨，等到接近6月12日的时候涨势才停止。

4.2　双十一与电商行业

　　双十一网购狂欢节是指每年11月11日（光棍节）的网络促销日。在这一天，许多网络商家会进行大规模促销活动。双十一网购狂欢节源于淘宝商城（天猫）2009年11月11日举办的促销活动，当时参与的商家数量和促销力度均很有限，但营业额远超预想的效果，于是11月11日成为天猫举办大规模促销活动的固定日期。近年来双十一已成为中国电子商务行业的年度盛事，并且逐渐影响到国际电子商务行业。2014年11月11日，阿里巴巴双十一全天交易额为571亿元。2015年11月11日，天猫双十一全天交易额为912.17亿元。

双十一无疑对电商股是一大利好，那么我们来看看最具代表的电商股苏宁云商（002024）在2015年双十一期间的走势，如图4-3所示。

图4-3　苏宁云商日K线图

我们可以发现2015年11月11日之后苏宁云商的股价不涨反跌，而11月11日之前股价却大幅上涨。双十一事件对苏宁云商股价向上的刺激不是在11月11日之后，而是在11月11日之前。

4.3　电子竞技大赛与电竞行业

为推动我国移动电子竞技运动规范健康发展，建立移动电竞赛事标准体系，拓展移动电竞运动的覆盖人群，传递移动电子竞技正能量，并填补我国官方移动电竞赛事的空白。国家体育总局体育信息中心决定于2016年举办首届全国移动电子竞技大赛（CMEG）。由国家体育总局牵头，主题为"绿色健康、共创未来"的首届全国移动电子竞技大赛（CMEG 2016）于2016年4月18日拉开帷幕。

这对电子竞技行业内的个股无疑是一个利好，那么2016年4月18日前后电竞股的走势如何呢？来看看浙报传媒（600633）和大唐电信（600198）这两只股在那段时间的走势，如图4-4和图4-5所示。

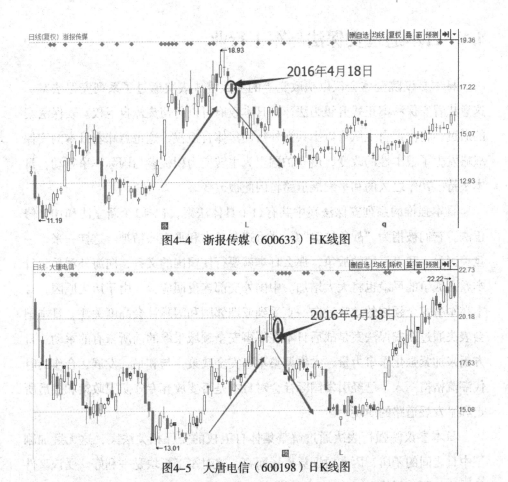

图4-4 浙报传媒（600633）日K线图

图4-5 大唐电信（600198）日K线图

浙报传媒：公司旗下起凡数字和起凡信息专门从事于电子竞技游戏的研发和运营，旗下运营"起凡游戏平台"和"11对战平台"，自主研发群雄逐鹿，金戈铁马和三国争霸2等多款电子竞技游戏产品，系国内领先的竞技游戏公司。

大唐电信：大唐电信与体育信息中心签署了战略合作协议，授权大唐电信为其"移动电竞"项目的独家合作伙伴，与体育信息中心共同筹备大赛的各项工作。

和前面两个案例同样的情况，浙报传媒和大唐电信的股价在4月18日之前上涨，等到利好兑现，4月18日之后不涨反跌。前面三个案例的走势都很相似，均是在事件发生之前股价上涨、事件发生之后股价不涨反跌，我将这种走势称作"八字形走势"，至于为何如此说，稍后我再做说明。

4.4　日本通过安保法与军工行业

　　日本参议院全体会议以执政党等的多数赞成表决通过了系列安保法案。这意味着安保法案正式升级为法律，日本政府可以行使集体自卫权。安保法案的通过，将决定自卫队可以出兵海外行使集体自卫权，这也意味着日本的安保战略发生了根本性的改变，由守护国土为主转变为积极参与国际军事行动，日本坚持了70年之久的和平发展道路将因此被改变。

　　日本强推的系列安保法案中共有11个具体法案，包括1个新立法和10个修正法。它们被指为"战争法案"，严重违背日本和平宪法精神。这样一来，一旦美国卷入和第三国的战争，那么日本就要行使盟国的义务，向海外派兵，日本卷入战争的风险也将大大增加。中国外交部连夜回应："由于历史原因，日本在军事安全领域的政策动向一直受到亚洲邻国和国际社会高度关注。日本国会表决通过新安保法案是战后日本在军事安全领域采取的前所未有的举动。日方近来加紧强化军事力量，大幅调整军事安全政策，与和平、发展、合作的时代潮流格格不入，已经引发国际社会对日本是否要放弃专守防卫政策和战后所走和平发展道路的质疑。"

　　日本参议院强行表决通过解禁集体自卫权的安保相关法案，这无疑加剧了中日之间的矛盾，因此对证券市场而言，这对军工板块是一利好。受该事件的影响，军工板块在9月17日之后持续走强，如图4-6所示。

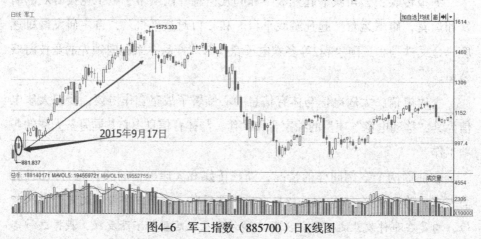

图4-6　军工指数（885700）日K线图

4.5　洪涝灾害与水利行业

从2016年6月30日开始，长江中下游沿江地区及江淮、西南东部等地出现入汛以来最强降雨过程，给部分地区造成严重洪涝灾害。湖北、安徽、河南、江苏、浙江等省有91条河流发生超警戒水位洪水，28条河流发生超保证水位洪水，安徽西河、永安河、丰乐河、二郎河以及湖北举水5条河流发生超过历史最高水位的洪水。受前期高水位叠加影响，长江、淮河和太湖水位快速上涨，7月1日，长江出现2016年第1号洪水，三峡入库洪峰流量超过50000立方米每秒；3日3时，长江下游干流大通站水位超警，长江第2号洪水形成。7月3日8时，太湖水位涨至4.61米，高于警戒水位0.81米；江苏无锡、坊前等11站超历史，其中大运河苏州站2日10时最高水位超保证水位0.60米，列1977年以来第一位。此次强降雨共造成浙江、安徽、湖北、湖南、江西、重庆、贵州7省（市）163个县687万人受灾，因灾死亡14人、失踪8人，倒塌房屋0.9万间，农作物受灾面积710千公顷，直接经济损失约91亿元。湖北武汉新洲黄陂多处民圩溃口，安徽省中小河流堤防、病险和小型水库、一般圩堤发生各类险情374处。6月30日14时，国家防总将防汛应急响应从Ⅳ级提升至Ⅲ级。

在同情受灾人民、赞扬抗洪卫士、庆幸自己没被淹死的同时，有些人还在关注着洪涝灾害对证券市场的影响。

伴随着洪灾，水利板块走强，如图4-7所示。

图4-7　水利指数（885527）走势图

安徽省是洪灾发生严重的地区，安徽水利（600502）在6月30日之后连续收获了两个涨停板，如图4-8所示。

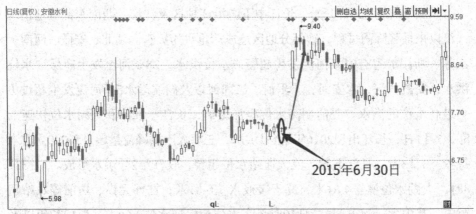

图4-8　安徽水利（600502）日K线图

4.6　阿尔法狗与人工智能行业

2016年3月15日，围棋人工智能程序阿尔法狗与韩国著名九段棋手李世石第5局比赛在弈至280手时李世石中盘认输。至此，从3月9日至15日在首尔四季酒店举行的这场全球瞩目的五局人机大战宣告结束。阿尔法狗以4∶1获胜。此次阿尔法狗与韩国棋手李世石之间的人机大战让人工智能成为全球关注的焦点。这次比赛被看作是人工智能领域的一个重要里程碑，人工智能进步的速度远超预期。

太平洋证券认为，此次"人机大战"标志着人工智能已从过去的计算智能、感知智能过渡到认知智能，将会激励和推动我国智能水平的快速进步。我国"十三五"规划纲要草案中首次出现了"人工智能"一词，在"科技创新2030项目"中，智能制造和机器人作为重大工程之一。未来机器人依托人工智能的发展，将突破程序化工作，服务范围大大延伸，前景广阔。

对人工智能板块而言，这无疑是一重大利好。受该事件的影响，3月15日之后人工智能概念股一度飙升，如图4-9所示。

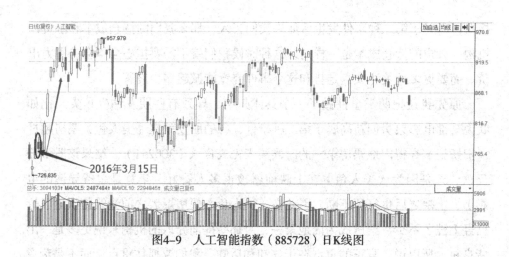

图4-9　人工智能指数（885728）日K线图

4.7　两类行业事件

　　我们可以发现前三个案例中的股票的股价都呈"八字形走势"，事件发生前股价上涨，发生后股价不涨反跌。而在后三个例子中，股价都是在事件发生后才开始上涨。原因就在于前三个例子和后三个例子分别代表了两类不同的行业事件。前者代表的是在发生之前已经知道会发生的事件，后者代表的是无法预见的突发事件。

　　世界杯在召开之前大家就会知道世界杯将在何时召开，全国移动电子竞技大赛在召开之前也必定宣传已久，双十一更是时间明确。这些能够提前得知的行业事件，就会在事件发生之前被炒作，因此，前三个案例股价会在事件发生之前上涨。至于在事件发生后下跌，这不是绝对的，不过非常普遍，尤其是在大盘处于非牛市阶段的时候。这种行为其实是由客观条件决定的，资金体量过大决定了机构不能像散户一样快进快出，如果肆意抛售必将导致股价急跌，原先的浮盈都可能失去。只有选在承接盘较多的时候，他们才能顺利出货。因此面对第一种行业事件的时候我们也要学会提前布局。

　　而日本通过安保法、某年发生洪涝灾害、阿尔法狗战胜李世石，这些事情都是不可预知的。自然也就不会有主力提前建仓，而事件发生后引起关注从而吸引资金流入导致股价上涨。对于第一种事件我们切记不要在事件发生后接盘，而对于第二种事件发生后如果我们买入，那么我们的持仓成本和游资，机构、大户的持仓成本是一样的，这种时候我们就不需要担心会不会有主力出货。而要更多地关注大盘走势和这个事件究竟能掀起多少波澜。

原先我还把两类事件做了一个具体归纳，导致有些朋友钻牛角尖。比如我说某部电影票房创新高属于第二种事件，有的朋友就在《美人鱼》票房超过《捉妖记》夺得内地票房第一的时候买入光线传媒（300251）。结果该股不涨反跌，这是因为《美人鱼》在上映前就被很多人看好（毕竟是星爷导演的电影），上映之后也好评不断，因此在《美人鱼》票房爆表之前光线传媒的股价已经上涨了不少，票房成为内地第一，对那些提前介入的机构来说更多是一出货良机。所以说，真正的重点在于先知和后知，我们要抓住重点，而不是刻意判断区分属于哪一类。

第5章　周期性行业

周期性行业是指那些经营业绩随着宏观经济的波动而波动的行业。经济上升期，它们的业绩就变好；经济危机时期，它们的业绩就变差。国民经济的基础性行业往往属于周期性行业，例如钢铁、有色金属、建材、水泥、机械制造、石油等。原因很简单。经济高速发展时需要开展大规模的基础建设，这些基础性行业就会快速发展。经济跌入低谷，社会建设就大幅萎缩，这些行业当然业绩就不好了。属于周期性行业的上市公司股票被我们称为周期股，因为周期股往往伴随着周期运动，所以有一套独立的投资策略。

5.1　周期性行业种类

按照行业种类划分，周期性行业可分为两类：消费类周期性行业和工业类周期性行业。

5.1.1　消费类周期性行业

消费类周期性行业包括房地产、银行、证券、保险、汽车、航空、白酒等，消费类周期性行业兼具了周期性行业和消费行业的特性。它们的终端客户大部分是个人消费者，虽然品牌忠诚度较低，但仍具有一定的品牌效应。需求虽然出现波动但总体向上，而且在中国基本上是刚刚启动的行业，市场潜力巨大。除汽车、航空外，属于较轻资产型企业，行业景气度处于低谷时规模的弹性较大。很多消费类行业具有周期性，这其实很容易解释，因为消费者的消费习惯受到他们的消费能力所限制，而他们的消费能力又和国家经济发展状况密切相关。当经济发展状况良好的时候，人们的购买力增加，能够进行更多消费，消费类行业盈利随之增加；而当经济发展状况不佳的时候，人们的购买力减少，他们选择减少消费，消费类行业的盈利也随之减少。由此说明消费类行业的经营业绩是伴随着宏观经济波动的，即消费类行业的周期性。

5.1.2　工业类周期性行业

工业类周期行业包括水泥、化工、钢铁、有色金属、航运、装备制造、煤炭、电力等。这些工业行业的产品成本明显受到原材料价格的影响，同时投入产出周期长，利润对产量的变化极为敏感。而工业产品原材料的价格和宏观经济及行业政策高度相关，因此这些工业类股票也属于周期股。

工业类周期股和消费类周期股的一个很大不同在于，工业产品的价格波动幅度巨大，涨势跌势都很迅猛，因此投资工业类周期股的风险远比投资消费类周期股要大。这种巨大波动能够带来高收益，但不是任何人都能够享受这种收益的。尤其是对于一些周期长的行业来说，这种波动更加明显。工业类周期股相比消费类周期股投资风险更大，但是也有一个好的特点：像钢铁、石油、黄金这种资源性的上游行业往往产品单一，我们可以通过商品价格指数和大宗商品期货市场来判断产品价格趋势和行业景气度，这样的话判断行业周期转折点就会变得容易些。但是这种做法只适用于上游行业产品，因为中下游行业产品种类复杂繁多而不是像上游行业一样产品单一、同质性强，这使得判断中下游行业的周期远比判断上游行业周期困难，没有直观明确的价格指数供我们参考，所以能作为我们判断依据的还是宏观经济形势。

5.2　案例介绍

周期性行业为何表现出周期性？行业由盛转衰和由衰转盛受哪些因素影响？周期性行业的周期变换对周期股有何影响？这是投资周期股最需要在意的。下面我通过两个周期性行业的例子来简单介绍。

5.2.1　白酒行业周期

一个行业，如果持续红火5年以上，就足够让人忘记其周期性，特别是白酒这类消费品本身周期性不够明显。那么曾经有过"黄金十年"的白酒行业有没有周期？不但有，而且有着清晰地从产能不足到产能严重过剩的周期。

1. 盛：白酒行业黄金十年

上一轮周期，1997年白酒行业形成严重产能泡沫，之后白酒产量从800多万吨持续下降到2003年的330万吨，到达周期底部，然后触底回升才有了黄金10年。

2003—2013年，中国经济整体处于高增长水平。人口红利拉动白酒消费基数增长，商务活动增加带来消费频次增加，这是白酒整体向好的根本原因。在有着几千年的酿酒历史和消费历史的中国，白酒的消费人群覆盖范围极广，无论性别、年龄、职业、社会阶层、城乡差别等，每一个社会群体都不乏忠实消费者。在中国，白酒不仅仅是一种饮品，它还是一种公关工具。在中国白酒最重要的饮用场景就是应酬、接待，应酬、接待其实是一种面子维护工程。那么什么时候这种面子维护工程会频繁发生呢？必然是在经济快速发展，物质条件基本得到满足的时候，只有这种时候人们才会去关注面子。正是这十年间中国经济的高增长，才使得白酒行业的需求端扩大，才缔造了白酒行业的黄金十年。也正是因为与中国经济的高度相关性，白酒行业才被我们算作周期行业。

2. 衰：萎靡的三年

2012年年底爆出"白酒塑化剂事件"，再加上三公消费从紧以及"禁酒令"的出台，让整个白酒行业进入了深度调整期。历经十年黄金增长期的中国白酒行业，2013年进入"断崖式"下滑。白酒股股价更是大幅下跌，有的股价甚至直接腰斩。

"白酒塑化剂事件"和深度反腐只是导致下跌的导火索，真正的周期转换是因为供求关系改变而转换的。产能过剩、供远大于求才是这次白酒股周期转变的原因。国家发改委2011年修订的《产业结构调整指导目录》就将白酒产业列为限制类产业，禁止新建白酒生产线，但在白酒行业仍存在的高利润诱惑下，史上最猛的白酒扩产风在多个产酒大省刮起，国有资本和民间资本均与各类酒厂联手大建新公司。2012年年底，全国规模以上白酒企业产量达1150万吨，按每瓶500毫升来推算，约折合230亿瓶。

有人计算，中国3亿成年男子每人须喝66瓶白酒才能喝完。现如今很多白酒股的股价已经回升到了2013年开始暴跌之前的价位，贵州茅台（600519）甚至创出了新高，那么这是否意味着白酒行业再一次周期变换了呢？我个人认为并不是，白酒股的上涨首先是因为白酒行业确实在转暖；其次是正值中报披露时期，业绩反转的股票会受到投资者追捧；最后还有我在下一章要说的优质企业价值回归。但是影响周期转换的根本原因还是供求关系的转变。白酒行业依然存在产能过剩的问题，只要供大于求，白酒行业就依然处于下降周期，只有供小于求，白酒行业才能真正地走入上升周期。

5.2.2　证券行业周期

券商股是典型性的周期股。因为牛市的时候去证券公司开户和办理业务的人多，券商的业绩自然好了，股价也就涨了，熊市则正好相反。

从以往牛市的券商大行情和几年熊市中的行情来看，券商板块行情的最大特点就是快速凌厉，往往短期内制造出很大的涨幅。但如果是在熊市，则很快被打回原形，甚至跌回净资产，出现净资产折价或者亏损。作为强周期性的板块，券商股的周期与股市的活跃度完全正相关，因此对指数也最敏感。

如果在牛市，请视券商为珍宝；如果在熊市，请视券商如草芥。如果在熊市，券商股可能短期上涨，但绝不可能走牛，这就是规则；反之，如果是牛市，券商必走牛，这就是周期性。

总的来说，券商行业的周期就是中国股市牛熊变换的周期，券商股相当于加杠杆的大盘指数基金。对A股大势的研判，是判断券商股大势的根基。牛市的时候，券商股的走势不会差，熊市的时候，券商股的走势也不会好。牛市的时候虽然说是股市鸡犬升天，所有股票都在涨，但是涨多涨少差别还是很大的，有的股能翻五六倍，有的股却连一倍都翻不了。对于喜欢锁仓的朋友们，如果不幸在牛市的时候锁仓的股并不是那轮牛市炒作的热点，那可就亏大了。比如我在2015年的时候因为忙于一件很重要的事情，所以无法分神关注股票，就锁仓了五粮液（000858），结果这轮牛市下来我的收益率算是很低的。因此，如果要在牛市中锁仓的话，最好选择券商股锁仓。

5.3　关注市净率和行业冷暖

基本面择股有一个常用的指标——市盈率，市盈率是某种股票每股市价与每股盈利的比率。用一种便于理解的说法来说就是市盈率是多少倍就意味着在市盈率不变的情况下你投资该股多少年能本金翻倍。市场广泛谈及的市盈率通常指的是静态市盈率，通常用来作为比较不同价格的股票是否被高估或者低估的指标。但是周期股的盈利受到周期的影响非常大，未来一两年内的业绩会受到周期阶段的因素影响，而静态市盈率显然不能反映这一点。拿钢铁股举个例子，在2004年上半年，钢铁股市盈率达到了20倍以上，如果股民见市盈率过高而不敢介入，就会错过一波行情。这是行业景气的时候，而在行业不景气的时候，钢铁股的市盈率甚至在5倍以下，比市场的平均市盈率要低很多，这时候如果投资者认为"性价比高"而买入，可能会面对漫长的等待，甚至遭遇进一步亏损。

相比市盈率，市净率对利润波动不敏感，反倒可以更好地给盈利波动明显的周期股估值。市净率指的是每股股价与每股净资产的比率。比较市盈率和市净率可以发现市盈率注重的是未来收益，市净率注重的是现有资产。打个比方，如果拿市盈率和市净率给一群鸡打分，市盈率就是关注这群鸡每天能产多少只蛋，市净率则是关注这群鸡的肉值多少钱。如果这群鸡每天产蛋数量不一，这时候用市盈率来打分就存在问题，究竟该以哪天产蛋数为标准呢？怎么样都不客观。而用市净率来给这群鸡打分则是更好的选择。周期股要采用市净率估值也正是这个道理。

尽管用市净率估值法能对周期股进行估值，但是判断周期股买卖时机的最重要的指标并不是估值而是周期行业的景气程度。当经济高速增长时，市场对周期性行业的产品需求也高涨，这些行业所在公司的业绩改善就会非常明显，它们的股票也会受到投资者的追捧；而当景气低迷时，消费者对其产品的需求减弱，业绩就会迅速回落，他们的股票也很难吸引投资者的关注。至于如何判断一个行业的景气程度，对于消费类周期性行业，很多与我们生活息息相关，比如白酒销量、房价水平，我们能够在生活中就感受到行业的冷暖；而对于那些离我们比较遥远的工业类周期性行业，我们只能通过关注行业新闻来了解行业景气度了。

第6章　行业黑天鹅事件

"在发现澳大利亚的黑天鹅之前，17世纪之前的欧洲人认为天鹅都是白色的。但随着第一只黑天鹅的出现，这个不可动摇的信念崩溃了。黑天鹅的存在意味着不可预测的重大稀有事件，它在意料之外，却又改变一切。人类总是过度相信经验，而不知道一只黑天鹅的出现就足以颠覆一切。"黑天鹅事件，指的是非常难以预测且不寻常的事件，通常会引起市场连锁负面反应甚至颠覆。A股市场出现过很多这样的事件，如牛奶行业的三聚氰胺事件、白酒行业的塑化剂事件、肉制品行业的瘦肉精事件、医药行业的毒疫苗事件，等等。

6.1　黑天鹅事件带来的投资机会

黑天鹅事件对持有相关股票的人来说无疑是一个噩耗，由于突发和不可预测，我们讨论如何避免也没有多大意义。至于遭遇了行业黑天鹅如何应对？那就是立刻抛售，抛售得越快越好。既然讨论如何避免和短期应对没多大意义，那么我们来看看黑天鹅事件除了带来灾难之外，还有没有给我们提供一些特殊的投资机会？

伴随黑天鹅事件而来的有两种投资机会。

1. 落魄英雄，超跌优质个股的投资机会

黑天鹅事件导致整个板块的股票普跌，一些和黑天鹅事件无关的个股也被牵连其中。但是这些股票的财务状况经营能力依然良好，公司本身并未出现问题。由于市场的过度反应而导致股价的超跌，这种质地优良的个股就产生了一个价值缺口，等到事件平息，这些股会迎来一个价值回归的过程。

我们买菜的时候首先要看菜的质量，接着看菜的价格，归根结底我们是依据性价比来判断我们买不买菜的。行业黑天鹅事件对优质个股来说就是一个性价比得到提高的过程。

2. 此消彼长，对立行业的投资机会

如我在前两章所讲，有些行业荣辱与共，有些行业此消彼长。这种此消彼长的行业就叫作对立行业。根据这种此消彼长的规律，我们可以在某一行业发生黑天鹅事件的时候去它的对立行业寻找投资机会。比如牛奶出了问题，喝豆浆的人就多了；二胎概念如火如荼，做避孕套的公司就被冷落了，等等。

6.2　巴菲特1963年投资美国运通

1963年后期，美国运通牵涉到所谓的"迪·安杰利色拉油丑闻案"。该案的主角之一是大宗商品交易大户迪·安杰利斯。20世纪50年代晚期，他成为全球最重要的色拉油经纪商，并找到了利用色拉油致富的"捷径"。他以色拉油为担保向银行贷款，由于他的特殊霸主地位，竟然没有人能够真实地知道他的仓库中究竟有多少库存量。安杰利斯凭借手段任意夸大油料的库存量，然后在市场上出售这些凭证或者向银行骗出更多的贷款。当时的贷款银行多达51家，前提是安杰利斯只要完全搞掂美国运通的仓库检查人员即可。市场上一大批持有安杰利斯"仓单"的债权人拿到的就是一张一文不值的废纸，随即向出具凭证及担保的美国运通追索1.5亿美元以上的高额损失。两天后，又恰遇当时的美国总统肯尼迪遇刺身亡，纽约证交所随即爆发股灾。

美国运通的股价在此前后经历了一场罕见的巨幅暴跌，股价从之前的65美元暴挫到35美元，几乎腰斩，各类投资人纷纷大举抛售该股，避之唯恐不及。巴菲特亲自造访以前经常光顾的罗斯牛排餐馆和接受美国运通信用卡及旅行支票的其他场所，并派出"铁杆"调查员布兰特深入调查。布兰特与旅行支票使用人、银行职员和主管以及餐厅、旅馆、信用卡持有人广泛交谈、打探消息，以评估美国运通和竞争对手表现的差距以及美国运通旅行支票和信用卡的使用率是否下降。经过了解，巴菲特判断运通卡的竞争优势依然存在，于是他以最快的速度大举买入美国运通股票，在不抬高股价的情况下买进所有能买到的股票。到了半年多后的1964年6月底时，他已投入300万美元在这只股票上，成为他合伙事业中最大的一笔投资。到了1966年时，他已在该股持续投入了1300万美元。之后陆续卖出，总收益在2～3倍。

6.3 牛奶行业三聚氰胺事件

6.3.1 事件简述

2008年中国奶制品三聚氰胺事件是中国的一起食品安全事故。事故起因是很多食用三鹿奶粉的婴儿被发现患有肾结石，随后其奶粉中被发现化工原料三聚氰胺。2008年8月1日下午6时，三鹿取得检测结果：送检的16个婴幼儿奶粉样品，15个样品中检出了三聚氰胺的成分。2008年8月2日下午，三鹿分别将有关情况报告给了其注册所在地石家庄市政府，并开始回收市场上的三鹿婴幼儿奶粉。2008年8月4日至9日，三鹿对送达的原料乳200份样品进行了检测，确认"人为向原料乳中掺入三聚氰胺是引入到婴幼儿奶粉中的最主要途径"。根据公布数字，截至2008年9月21日，因使用婴幼儿奶粉而接受门诊治疗咨询且已康复的婴幼儿累计39965人，正在住院的有12892人，此前已治愈出院1579人，死亡4人。另截至9月25日，香港有5个人、澳门有1人确诊患病。该事件使得国家高度关注我国的乳制品安全隐患。在国家质检局公布对国内的乳制品厂家生产的婴幼儿奶粉的三聚氰胺检验报告后，事件迅速恶化，包括蒙牛、伊利、光明、雅士利及圣元在内的多个厂家的奶粉都检出三聚氰胺。该事件亦重创了中国牛奶行业的商品信誉，牛奶公司的股票一时之间普遍暴跌。

6.3.2 伊利股份价值回归

内蒙古伊利实业集团股份有限公司（以下简称伊利集团）是中国规模最大、产品线最健全的乳制品生产与加工企业，国家520重点工业企业之一；也是唯一一家同时符合奥运会及世博会标准，为2008年北京奥运会和2010年上海世博会提供服务的乳制品企业。在"全球织网"的战略下，伊利已经实现国际化布局。作为行业龙头企业，伊利集团旗下多款产品长期居市场领先地位，整体营业额在行业中遥遥领先，是唯一一家进入全球排名前十的亚洲乳企。

由于三聚氰胺事件，伊利股份（600887）的股价从16元开始大幅下跌，最低跌至6.45元，然而当三聚氰胺事件热度过去后，该股股价开始攀升，迎来了价值回归。之后甚至一路高涨，股价远超三聚氰胺事件之前的股价，图6-1为伊利股份（600887）的周K线图。

图6-1　伊利股份（600887）的周K线图

6.3.3　牛奶行业的对立——豆浆行业

豆浆原本是我们传统早餐之一，在牛奶"三聚氰胺"事件后，奶制品市场的萎缩，促进了豆浆的发展，豆浆机市场不断扩大。同时，据统计三聚氰胺事件发生时，中国家庭豆浆机拥有率仅为3%，其他小家电约为50%，还没算上拥有豆浆机的家庭3～5年就要更换一台新机，豆浆机当时可谓市场潜力巨大。

2008年九阳豆浆机销售收入增长150.74%，总收入相比2007年增长122.54%，利润增长81.08%。三聚氰胺事件后，九阳股份股价大幅上涨，走出了翻倍行情（如图6-2为九阳股份（002242）的周K线图）。

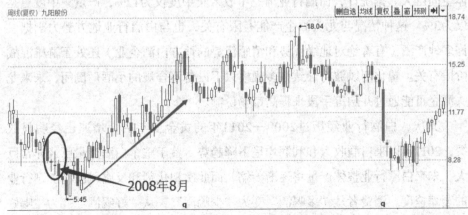

图6-2　九阳股份（002242）的周K线图

6.4 白酒行业塑化剂及反腐事件

2012年年底爆出"白酒塑化剂事件"：酒鬼酒是我国高端酒行列品牌，在2012年11月19日被爆由上海天祥质量技术服务有限公司查出塑化剂超标2.6倍。酒鬼酒公司针对此事，却认为检测不够权威，甚至怀疑被检测的酒是否出自酒鬼酒公司。广州市质监局表示，白酒检测标准中没有塑化剂项目的检测要求。中国受此事件影响，没有停牌的白酒类上市公司仍遭遇资金打压，2012年11月20日早盘白酒股大跌之后，午后再度暴跌。塑化剂风波爆发之后，不但酒鬼酒大受打压而连连跌停，其他白酒股也被拖累，整个白酒板块一度表现低迷。

"屋漏偏逢连夜雨"，如果说"白酒塑化剂事件"带给白酒业的影响是相对短期且有限的，那么深度反腐、三公消费从紧以及"禁酒令"的出台，则让整个白酒行业进入了深度调整期。

那么这究竟是意味着白酒股的没落还是意味着这是一个价值缺口，就需要我们进一步判断。首先，中国的白酒文化源远流长，虽然反腐力度很大，但是白酒的民间需求依然很大。同时很多酒企根基深厚，现金流稳定，基本面优良。尽管短期内白酒板块势头受到该事件打压而有所减弱，但长期来看，塑化剂事件与反腐有利于加速白酒行业整合，从而有利于龙头公司在激烈的竞争中提高市场份额。与食品饮料其他子行业相比，白酒行业集中度还很低，未来整体空间巨大。据统计，白酒行业前三甲收入集中度仅为12%，产量集中度更是仅为3%。这种情况与龙头酒企产能有限有关，也与白酒行业地方势力割据、许多地产酒（有着绝对地缘优势和情感优势的地方白酒企业）还处于群雄混战阶段有关。塑化剂风波将导致许多规模以下设备不合规的小酒厂倒闭，未来龙头酒企可能通过并购等手段来提高市场份额。

其次，白酒行业经历过2009—2011年的黄金三年后，增速已经明显放缓，2012年以来白酒收入和利润均呈下降趋势。鉴于整个白酒产量已经非常巨大，未来白酒行业整体产量将逐渐萎缩，而此次塑化剂和反腐风波将加剧行业的萎缩速度。消费者从"多喝酒"变为"少喝酒"，从"好喝酒"变为"喝好酒"，消费群体对白酒消费观念的转变将促使市场份额逐渐向龙头企业集中。

因此，尽管塑化剂和反腐事件一度造成了白酒板块的大幅下跌，我们该保持对其中的龙头品种的信心，在未来白酒消费需求将向这些龙头品种集中，它们将是此次事件的最终受益者。果不其然，几年之后部分优质白酒股便迎来了价值回归，图6-3展现的便是五粮液的价值回归过程。

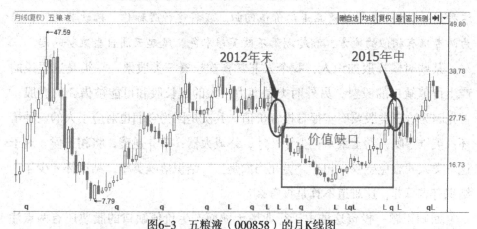

图6-3 五粮液（000858）的月K线图

五粮液的股价从30多元左右开始随白酒板块下跌，我是在2014年年初股价17元左右的时候买入五粮液的。2015年牛市到来，这轮牛市的行情是"眉飞色舞"而不是像上一轮那样的"大象起舞"，所以五粮液涨幅有限。不过等到牛市结束，多次股灾后那些通过概念被炒高的股票泥沙俱下时五粮液依然坚挺。我写下这段文字的时候，即2016年7月11日，五粮液的最新价是37.34元。当然白酒行业产生价值缺口的优质企业肯定不止五粮液，价值回归股价力度比它大的大有股在，我正好买了，所以才拿它来举例。国酒贵州茅台（600519）股价从250元左右开始下跌，在150元左右横盘了一段时间，等到我写这段文字的时候贵州茅台的股价已经突破300元创下了新高，我就不继续抓图了。

6.5　总结

6.5.1　落魄英雄

上一节讲到了三个案例，即巴菲特1963年投资美国运通公司，"三聚氰胺事件"后伊利股份超跌反弹，"白酒塑化剂事件"和反腐后茅台五粮液价值回归。这都是由于黑天鹅事件导致该行业股票普跌，以及市场的过度反应导致优质个股超跌所产生价值缺口带来的投资机会。这也和我们常说的物极必反一样，从股票的商品属性上来看就能够很好理解这一点。由于一些突发事件导致商品大幅下降，而商品本身的价值并没有改变，这样买商品的人就会多起来，这种供<求的关系推动商品走向价值回归。我将这种股称作"落魄英雄"，因为两者确有相似的地方，潮起潮落不改英雄本色，风起云涌自当乘势而起。

某些时候择股如识人，我个人非常喜欢投资三类股票，一类是这里说的产生价值缺口的股票，另外两类是潜力巨大的成长股和可能被借壳的壳股。首先因为这三类股票确实很有投资价值，其次是因为它们也对应了人的三种情怀：英雄落魄，卷土重来；少年怀才，终成大器；草莽逆袭，将相王侯。对于这三类人我难免感叹一句："男儿当如是！"结识落魄英雄，结识怀才少年，结识有志草莽，这难道不算是投资么？

回归正题，投资这种由于行业黑天鹅而产生价值缺口的股票还有两点注意事项。

1. 企业足够优质

一方面，优质企业往往财务状况良好，现金流充足，比如五粮液就有200亿元的资金存在银行里。所以只有优质股才能够很好地挺过黑天鹅事件带来的风波，而垃圾企业的股价很有可能一蹶不振。

另一方面，在黑天鹅事件发生后，很多规模不大的企业的所有者缺乏继续经营下去的信心可能会贱卖企业。所以黑天鹅事件后会往往会迎来一个并购重组的高峰期，这段时期小企业为经营发愁，而优质企业则运用庞大的存储资金进行低价收购。在事件风波过去后，这些优质企业由于竞争对手的减少和并购重组的壮大往往会迎来更好的发展。

2. 没有影响行业根本

迪·安杰利色拉油丑闻案、三聚氰胺事件，塑化剂事件和反腐倡廉都只对行业产生一定影响，但都没有从根本上颠覆行业，比如三聚氰胺事件只是造成人们一段时间的恐慌和信任危机，并没有影响到人民对牛奶的需求，因此当事件过后相关监管法规被完善，企业形象被重塑，行业就会走出不景气。但是这都是在行业没有被"伤筋动骨"的前提下的，试想如果发现某天突然发现所有牛奶中都有一种致癌物质，那以后哪还会有人喝牛奶？这很有可能导致一个行业的毁灭，还谈何行业转暖，还谈何价值回归？

6.5.2　此消彼长

有一些所谓的行业与板块的关联其实是因为某股有主力坐庄拉升，股民后知后觉而将这种没逻辑支撑的上涨和近期重大事件结合起来，所以我们经常会发现一些板块联动不合逻辑，这种时候千万不要让这不合逻辑影响到自己的逻辑。因为本就是先有了结果后编造缘由的事，不合逻辑正合逻辑。我们真正需要把握的是那些确实存在此消彼长关系的对立行业投资机会。至于如何寻找这种此消彼长的对立行业，就需要用到我在板块那一章中说的板块关联中的内容了。

关于投资这种对立行业，还有一点需要引起我们的注意：对立的行业往往同属于另一大行业。对立的东西往往性质都是相近的。比如牛奶和豆浆都是饮品，因此大多数牛奶股和豆浆股都同属于饮料制造板块。由于牛奶行业发生黑天鹅事件，牛奶股普跌，这将会影响到饮料制造板块的走势，从而进一步影响到饮料制造板块内豆浆股的走势。因此，如果你发现你选择的标的有这种情况，就要慎重选择买点，一般选择事件热度过去后行业转暖之前为佳。我在案例中所说的九阳股份是一家生产豆浆机的企业，虽然属于豆浆行业，但是不属于饮料制造板块；而当时豆浆行业的龙头维维股份则属于饮料制造板块，因此虽然维维股份也迎来了较大的涨幅，但是维维股份开始上涨的时间点远在九阳股份之后。

第三篇
上市公司篇

第7章 现金分红与高送转

分红是上市公司将当年的收益在按规定提取法定公积金、公益金等项目后向股东发放的红利，是股东收益的一种方式。分红有三种形式：（1）以上市公司当年利润派发现金；（2）以公司当年利润派发新股；（3）以公司盈余公积金转增股本。第一种就是本章中的现金分红，后两者则是高送转。分红中蕴含着很多的投资机会，因此我们要重视上市公司相关公告的解读。

7.1 现金分红

分红是股份公司在赢利中每年按股票份额的一定比例支付给投资者的红利，是上市公司对股东的投资回报。

股票分红有三种形式：

（1）以上市公司当年利润派发现金，即现金分红；

（2）以公司当年利润派发新股；

（3）以公司盈余公积金转增股本。

因为后两者送红股和公积金转增股本比例较大就被称作高送转，所以我们把现金分红和后两者分开来谈。假设有家叫作"吴吞控股"的上市公司（以下均以此公司举例），总股本1000股，今年该公司赚了2000元，经过股东大会决议，董事会决定从2000元中拿出1000元进行现金分红，即平均每股派发1元现金红利。若某股东持有100股该上市公司股票，分完后，他的账户上就多了100元现金。

7.1.1 除息

当上市公司宣布上年度分红派息方案并获董事会及证监会批准后，即可确定股权登记日。在股权登记日交易（包括股权登记日）后手中仍持有这种股票的投资者均有享受分红派息的权力。如果是分红利现金，称作除息。

股票除息日当天，交易所会在其证券代码前标上XD，以表示该股除息了；而证券名称前被标上XR，则表示当日除权；证券代码前标上DR，表示当日既除息又除权。

"吴吞控股"总股本1000股，股权登记日时股价为10元/股，此时总市值10000元。拿出1000元进行现金分红后，总市值就变成了9000元，然而总股本并未改变，所以除息后股价变为9000/1000=9元。除息价=（总市值–分红现金总额）/总股本=股权登记日的收盘价–每股所分红利现金额

7.1.2 现金分红不好吗

从理论上来说，无论是现金分红还是高送转都只是改变投资者持有财富的形式，而不会影响投资者的财富数量。但是从消息面上来说高送转往往会吸引众多投资者的目光，而产生一系列短线投资机会，比如后面章节提到高送转的"公告间隔的三段肉"和"时间窗口的两段肉"。然而对于现金分红市场的反应往往很平淡。所以投资者一般都希望上市公司分红时高送转，对送现金都不太感兴趣。

虽然现金分红没法给我们提供短线投资机会，但它却是一个用于判断股票能否长期持有的指标。能送现金，特别是能够大量送现金的上市公司大都很健康。

要进行现金分红必须达到这些要求：

（1）公司当年有利润；

（2）已弥补和结转递延亏损；

（3）已提取10%的法定公积金和5%～10%的法定公益金。

有些公司看上去赚了不少钱，但是这些钱很多是应收账款，账上的现金实际并不多，一旦应收账款变为坏账，公司就很有可能陷入经营困局。因此，能大量送现金，说明上市公司的经营风险不大，不太可能出现突然亏损的情况。

上市公司大量分现金，也说明它对投资者真正负责。有些钱放在公司账上，没什么好项目可以投资，日常经营中暂时也用不上，只好放在银行里吃利息，与其这样，不如分给投资者。从每股派现金额来看，贵州茅台是蝉联多年

的"派现王"。从2006年的10派7元开始，贵州茅台在保持每股收益年年攀升的同时，其每股现金分红也是逐年走高，2015年每股分红6.42元创造了上市公司分红的最高纪录。由于2012年年末的"白酒塑化剂事件"和"三公消费"从紧以及"禁酒令"的出台，导致近几年白酒销量大减，白酒股股价也陷入低迷阶段。然而贵州茅台的股价在低迷一段时间后就开始反弹甚至在经历了2015年6月的股灾之后快速反弹，创出了新高。

7.2 高送转

高送转是指送红股或者转增股票的比例很大。实质是股东权益的内部结构调整，对净资产收益率没有影响，对公司的盈利能力也并没有任何实质性影响。高送转后，虽然公司股本总数扩大了，但是公司的股东权益并不会因此而增加。而且，在净利润不变的情况下，由于股本扩大，资本公积金转增股本摊薄每股收益。在公司高送转方案的实施日，公司股价将做除权处理，也就是说，尽管高送转方案使得投资者手中的股票数量增加了，但股价也将进行相应的调整，投资者持股比例不变，持有股票的总价值也未发生变化。

假如吴吞控股的总股本为1000股，股权登记日收盘价10元，总市值10000元，那么除权日吴吞控股的开盘基准价就被交易所强行降到了5元，总股本变为了2000股，而总市值仍然是10000元。如果你原先持有100股"吴吞控股"，每股10元，那么除权之后你持有的股数变为200股，股价变为5元，总价值还是1000元。

这样看，送红股与资本公积金转增股本方式对公司的股东权益和盈利能力并没有实质性影响，也不能直接给投资者带来现金回报，但是高送转的股票总会引来股民的积极关注和炒作，这就给我们提供了获利的机会。

值得关注的是，部分公司在公布高送转预案后，公司股价表现不一，甚至大相径庭。有些股票在除权之后连续上涨走出了填权行情，有些股票却是贴权走势。究其原因，高送转公司股价走势与大盘波动、公司经营业绩、股价前期走势、预案是否提前泄露等多种因素有关，因此，炒作高送转需要仔细分析。

7.2.1 除权、填权、贴权、抢权

1. 除权

还是假设有家上市公司叫"吴吞控股"。高送转方案是"十转十"，高送转的股权登记日是5月20日，这一天吴吞控股的收盘价是10元，那么5月20号的下一个交易日开盘时，吴吞控股的开盘基准价就被交易所强行降到了5元。这个股价下降的过程就叫作除权，5元叫作除权价。（股权登记日：由于上市公司的股票每天都在交易，上市公司的股东也就每天都在变化。那么究竟哪些股东可以参加分红呢？这就需要规定一个日子，以这一天为标准来确定哪些股东可以参加高送转，这个日子就是股权登记日。也就是说在股权登记日这一天收盘后，依然持有该公司股票的股东就可以参加高送转。）

除权价的公式：除权价=股权登记日的收盘价/（1+每股送转的票数）

那么，吴吞控股的除权价就是：5=10/（1+1）。

从理论上来讲，靠高送转的投资者是赚不了钱的，因为虽然你手中的股份增多了，但相应的股价也下降了，你手中的股票的市值还是和原来一样的。就好像你用40元钱买了个蛋糕，老板原先替你把蛋糕切成2块，你有了2块蛋糕；之后他又补了一刀，于是你有了4块蛋糕。尽管看着数目多了，但是不管是切成了2块还是切成了4块，合起来还是那个蛋糕，改变的只是分配方式，蛋糕并没有被做大。高送转也是如此，改变的只是投资者持有财富的表面形式，上市公司的总市值并没有增加。然而高送转的股票往往备受关注且股价也会波动，这就要说到填权和贴权了。

2. 填权

在除权后的一段时间里，如果该只股票交易市价高于除权除息日基准价，即股价比除权除息前有所上涨，这种行情称为填权。倘若股价上涨到除权前的价格水平，就称为充分填权。那么问题来了，为什么高送转之后可能会有填权行情呢？我认为有以下三点原因。

（1）投资者通常认为高送转向市场传递了公司未来业绩将保持高增长的积极信号。

（2）当股价涨到了100元时，很多股民本能地拒绝购买高价股；但如果

该股票由于除权，价格降到20元，股民们会有一种直观感受——"便宜了"，于是就买进了。这种直观感受没什么逻辑，但它确实是存在的。

（3）很多股民持有这一观念："高送转除权之后股票会走出填权行情"。

但是并非除权之后就会填权，我们可以发现还有很多股票没有填权而是走出了贴权行情。

3.贴权

与填权相反，在除权后的一段时间里，如果该只股票交易市价低于除权除息日基准价，即股价比除权除息前有所下跌，这种行情称为贴权。

高送转对上市公司不是利好吗？那么为什么走出贴权走势？一方面可能是当时的大盘走势实在差强人意，另一方面更可能是因为高送转实施之前会发布高送转预案还得经过股东大会审议然后确定高送转实施。所以在高送转实施之前股价已经上涨，当高送转实施后股价反而不涨反跌，即抢权导致的贴权。一只股票除权之后是填权还是贴权，主要和当时的市场环境、该股的前期涨幅、高送转的力度等因素有关。

4.抢权

由于上市公司高送转有"预案、审议、实施"这三个步骤，而且每一步之间都会有一段时间间隔。这就衍生出一个结果，董事会一旦公告了高送转预案，所有投资者就会知道其内容。而A股绝大多数的高送转预案都会被股东大会通过。

因此，如果有令人满意的预案，就导致了在董事会公告之后直至高送转实施之前这段时间，股价明显上涨。2015年11月1日被逮捕的"私募一哥"徐翔，其惯用的手法便是"高送转实施之前抛售"。庄家坐庄一只股必定有三个阶段：吸货、拉升、出货。其中最能体现坐庄水平和对一次坐庄成败影响最大的往往是出货阶段。庄家如果在缺乏承接盘的情况下大量抛售筹码，会导致股价大幅下跌，接着引起股民跟风抛售，导致股价泥沙俱下甚至跌破庄家的成本价。而因为高送转吸引了足够的承接盘，所以对庄家而言在高送转实施前出货很安全。抢权等于是将填权提前预支了。于是这些被抢权的股票由于已经有了很大的涨幅，因此可能会在除权后贴权。抢权的股票未必贴权，但是贴权的股票大部分之前已发生了抢权。

7.2.2 高送转步骤及相关公告

上市公司高送转有三个步骤，预案、审议、实施。因为现实中绝大多数董事会的利润分配预案都会被股东大会通过，所以仅仅是预案和通过审议都能在二级市场掀起波澜，这也就提供给了我们获利的机会。先通过宝馨科技（002514）的一系列公告来看看高送转的三个步骤。

第一步：上市公司董事会要公告一个利润分配预案，如图7-1宝馨科技2015年度利润分配预案截图所示。

证券代码：002514　　　　证券简称：宝馨科技　　　　公告编号：2016-009

苏州宝馨科技实业股份有限公司
关于2015年度利润分配预案的预披露公告

> 本公司及董事会全体成员保证信息披露内容的真实、准确和完整，没有虚假记载、误导性陈述或重大遗漏。

苏州宝馨科技实业股份有限公司（以下简称"公司"）控股股东、实际控制人、董事长陈东先生于2016年1月25日向公司董事会提交了《关于公司2015年度利润分配预案的提议及承诺》。收到该提议后，公司6名非独立董事（占董事会成员的三分之二）对提议内容进行了讨论并发表赞同意见。为了充分保护广大投资者利益，现就利润分配预案的相关情况公告如下：

一、利润分配方案基本情况

1、利润分配方案的具体内容

提议人：陈东			
提议理由：鉴于公司当前经营情况良好、未来发展前景广阔，考虑到公司目前资本公积金较为充足，为回报股东，与所有股东分享公司发展的经营成果，在符合利润分配原则的情况下，对公司2015年度利润分配方案提出建议。			
	送红股（股）	派息（元）	公积金转增股本（股）
每十股	0	0	10
分配总额	0	0	277017132
提示	利润分配方案披露后若股本发生变动，将按照分配总额不变的原则对分配比例进行调整。		

图7-1　宝馨科技2015年度利润分配预案截图

第二步：股东大会对预案进行审议表决，如果审议通过就可以准备实施分红了，如图7-2宝馨科技2015年度股东大会决议公告截图所示。

5、会议以 9 票同意，0 票反对，0 票弃权的表决结果审议通过了《关于公司 2015 年度利润分配的议案》独立董事发表了同意的意见。

经大华会计师事务所（特殊普通合伙）审计，公司 2015 年度归属母公司所有者的净利润为 10967794.87 元，根据《公司章程》的规定，提取 10% 的法定盈余公积金 1096779.49 元，公司 2015 年度可供分配的净利润为 9871015.38 元，加上 2014 年度结余未分配利润 66514741.70 元，公司累计可供分配的净利润为 76385757.08 元。

鉴于公司当前经营情况良好、未来发展前景广阔，考虑到公司目前资本公积金较为充足，为回报股东，与所有股东分享公司发展的经营成果，在符合利润分配原则的情况下，公司 2015 年度利润分配预案为：以截至 2015 年 12 月 31 日公司总股本 277017132 股为基数，以资本公积金向全体股东每 10 股转增 10 股，合计转增 277017132 股，转增后公司总股本变更为 554034264 股；不现金分红；不送红股。

图7-2　宝馨科技2015年度股东大会决议公告截图

第三步：上市公司会发布《权益分派实施公告》，明确股权登记日与除息除权日，如图7-3宝馨科技权益分派实施公告截图所示。

证券代码：002514　　　　证券简称：宝馨科技　　　　公告编号：2016-047

苏州宝馨科技实业股份有限公司
2015 年年度权益分派实施公告

本公司及董事会全体成员保证信息披露的内容真实、准确和完整，没有虚假记载、误导性陈述或重大遗漏。

苏州宝馨科技实业股份有限公司（以下简称"公司"或"本公司"）2015 年年度权益分派方案已获 2016 年 5 月 18 日召开的 2015 年度股东大会审议通过，现将权益分派事宜公告如下：

一、权益分派方案

本公司 2015 年年度权益分派方案为：以公司现有总股本 277017132 股为基数，以资本公积金向全体股东每 10 股转增 10.000000 股。

分红前本公司总股本为 277017132 股，分红后总股本增至 554034264 股。

二、股权登记日与除权除息日

本次权益分派股权登记日为：2016 年 5 月 26 日，除权除息日为：2016 年 5 月 27 日。

三、权益分派对象

本次分派对象为：截至 2016 年 5 月 26 日下午深圳证券交易所收市后，在中国证券登记结算有限责任公司深圳分公司（以下简称"中国结算深圳分公司"）登记在册的本公司全体股东。

图7-3　宝馨科技权益分派实施公告截图

7.2.3 高送转的获利机会

1. 公告间隔的三段肉

之前说了高送转一共有三步，我所说的"公告间隔的三段肉"是指高送转股票的上涨总是集中在这三个区间，而不是说每一只高送转的股票都会有三段涨幅。具体哪一段涨，涨多少，这就要针对个股进行具体分析了。这三段肉分别是：公布预案—股东大会审议之间的一段、股东大会审议—实施之间的一段、实施之后的一段。

下面来看两个例子。

（1）宝馨科技

宝馨科技（002514）于2016年1月26日发布《关于2015年年度利润分配预案的预分配公告》；5月19日发布《2015年股东大会决议公告》审议通过；5月21日公告《2015年年度权益分派实施公告》定于5月27日高送转除权。

如图7-4所示，宝馨科技股东大会审议日是5月19日，然而我在图中标出来的却是4月28日，这是因为4月28日的时候宝馨科技就发布了《关于召开2015年年度股东大会的通知》的公告，明白人知道股东大会会审议高送转预案，会有"吃肉"的机会，所以上涨在4月28日就开始了。

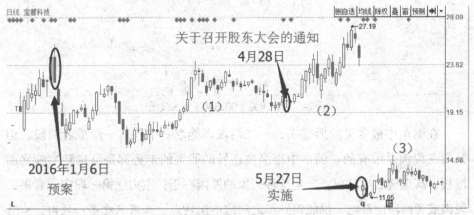

图7-4 宝馨科技（002514）日K线图

看图我们可以发现宝馨科技其实是没有第一段涨幅的。主要是受到当时大盘的影响，整个1月份A股由于熔断和注册制一直处于下跌趋势；而且我们还可以发现公布预案当日是标志着行情反转的一日。很有可能该股的主力对大行情不再看好，希望出逃，但如果大量抛售筹码会使得散户争相抛售而造成股价进一步走低，所以主力要选在一个有大量散户买进的时候出货。当宝馨科技公布了高送转预案，很多股民被这个利好吸引同时结合之前的上涨趋势而买进，这正是绝佳的出货良机。

（2）格林美

如图7-5所示，格林美于2016年4月25日公布《关于2015年年度利润分配预案的公告》和《关于召开2015年年度股东大会的通知》，5月17日发布《2015年年度股东大会决议公告》，5月26日发布《2015年年度权益分派实施公告》，定于6月1日实施高送转并除权。

我们可以发现格林美是没有第二段肉的，即股东大会审议通过到实施之间的涨幅，就明白这很正常，毕竟第一段涨幅已经不少了。一般情况下能够三段肉都有的高送转股票较少，三段中上涨一段或者两段的较多。

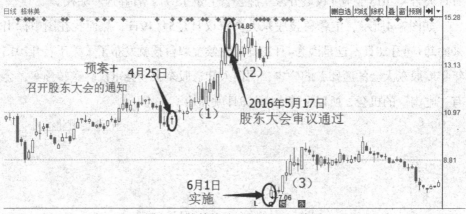

图7-5　格林美（002340）日K线图

在弱市中最常见的形态是，一二两段肉能吃其中任意一段或者两段，但是第三段肉是没有的。弱市中很多高送转的股票的走势都是高送转实施之前抢权，高送转之后贴权。产生这种现象的原因在于：主力吃第一段肉或者第二段肉或者两段肉都吃，都能找到与之对应的出货点。如果只吃第一段肉，出货点就是股东大会决议公告日；如果吃第二段肉或者两段肉都吃，那么出货点就是高送转实施日；然而如果要吃第三段肉的话，就缺乏后续利好，需要诱多出货，这在弱市风险很大。

那么问题来了，宝馨科技和格林美高送转实施日一个在2016年5月底、一个在6月初，这时候是不是处于弱市？是。那么，尽管涨幅较小，但是这两只股都有第三段肉，这是为什么？这就和我接下来要讲的有关了。

2. 时间窗口的两段肉

时间窗口的两段肉指的是上市公司公布年报和中报时间左右的上涨。不同上市公司公布年报和中报时间不同，但都在一个区间内。年报在每年1月1日—4月30日之间公布，中报在每年7月1日—8月30日之间公布。市场流传"年报中报必炒高送转"是因为：很多上市公司董事会的分红预案都是在其年报或中报公布的同时公布的。多家上市公司在这段时间公布高送转预案，从而使得高送转板块引起投资者的关注使得股价走高。

比如，2015年7月大盘在股灾之后轻微反弹，然而高送转板块的反弹却非常强劲，如图7-6所示。

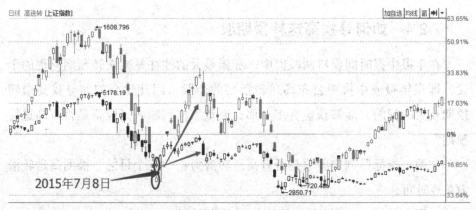

图7-6　高送转指数与上证指数日K叠加图

同样是因为部分股民先知先觉，提前建仓，所以有时候高送转的行情会在年报公布之前就展开。要选择合适的入场时机去吃这两段肉其实是很困难的，尤其是年报那段肉，因为年报的公布时间1月1日—4月30日横跨了4个月。最好多关注关注这方面的新闻报道，当看到关于高送转的报道多了，入场时机也就快到了。另外，最好选择大行情较好的时候入场，万一炒作时机还没到来也不至于亏损。

然后回头看宝馨科技和格林美，我是在4月27日买入宝馨科技的，6月8日卖出，等于说完全吃到了第二段肉。宝馨科技除权日前两天股价是下跌的，大有将要贴权的趋势，然而我并没有卖出。因为我盯准的就是中报的这段肉。再看格林美，格林美我是5月18日买的，6月16日卖出。《股东大会决议公告》于5月17日公布，当天股价下跌超过5个点，而且之后几天股价也一直横盘，之后却继续之前的涨势，我选择继续持有这两只已经发生抢权的股是有原因的：

第一点，个人认为当时的大盘还比较稳定，如果判断错误也不至于亏损太多。

第二点，由于中报高送转行情将至，因此高送转股票或许会趁势表现。我并没有依据判断中报高送转行情在6月初就开启，但是我的想法是哪怕贴权了，等到行情到了，股价也会拉升，不至于亏损。

"炒股是炒成功率。"投资者的决定都应该是比较衡量风险和机会之后做出的。三国名将赵云说过的一句话特别值得投资者们学习，这句话是：

"能进能退，乃真正法器！"

7.2.4　如何寻找高送转预期股

在年报中报时间窗口两段肉中，涨幅最大的往往是高送转预期兑现的个股，即在年报或中报中公布高送转预案的个股。因此学会如何寻找高送转预期较大的标的，能够获益良多。那么究竟怎样判断一只股票是否有高送转预期？

"两个指标"判定股票是否有高送转潜力；"三个目的"推测高送转潜力兑现时间。

1. 两个指标：

（1）每股未分配利润。在上市公司的年报、中报以及季报的财务报表中，都有资产负债表。其中有一个会计科目——未分配利润，而每股未分配利润=未分配利润/总股本。

（2）每股资本公积金。公积金在上市公司的资产负债表中分两种：资本公积金和盈余公积金。这两种公积金都可以转增为股本。但是在实际操作中，盈余公积金转增股本的情况很少见，因此投资者只需要关注资本公积金的数额就可以。而每股资本公积金=资本公积金/总股本。

用股票软件的F10也能直接查找这两个数据，如图7-7所示。

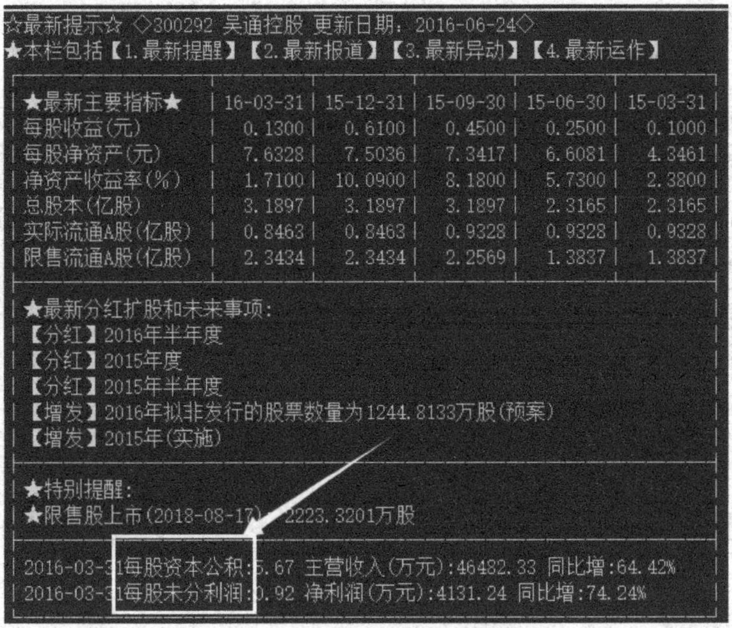
☆最新提示☆ ◇300292 吴通控股 更新日期：2016-06-24◇
★本栏包括【1.最新提醒】【2.最新报道】【3.最新异动】【4.最新运作】

★最新主要指标★	16-03-31	15-12-31	15-09-30	15-06-30	15-03-31
每股收益(元)	0.1300	0.6100	0.4500	0.2500	0.1000
每股净资产(元)	7.6328	7.5036	7.3417	6.6081	4.3461
净资产收益率(%)	1.7100	10.0900	8.1800	5.7300	2.3800
总股本(亿股)	3.1897	3.1897	3.1897	2.3165	2.3165
实际流通A股(亿股)	0.8463	0.8463	0.9328	0.9328	0.9328
限售流通A股(亿股)	2.3434	2.3434	2.2569	1.3837	1.3837

★最新分红扩股和未来事项：
【分红】2016年半年度
【分红】2015年度
【分红】2015年半年度
【增发】2016年拟非发行的股票数量为1244.8133万股(预案)
【增发】2015年(实施)

★特别提醒：
★限售股上市(2018-08-17)：2223.3201万股

2016-03-31每股资本公积：5.67 主营收入(万元)：46482.33 同比增：64.42%
2016-03-31每股未分利润：0.92 净利润(万元)：4131.24 同比增：74.24%

图7–7 同花顺上吴通控股的基础F10

板块分类里面有一个“高送转预期”，该板块的个股就是通过这两个指标选出来的。从理论上讲某股的每股未分配利润或每股资本公积金大于1，该股就具备了10送10或10转增10的潜力。这个数字越大，表明高送转的潜力越大。我们可以用这一点从高送转预期板块中优中择优。

那么问题来了，为什么是这两个指标？这就要回到高送转为什么叫高送转上来了。高送转指的是“高额送红股或公积金转增股本”。决定送红股潜力的是每股未分配利润，决定公积金转增股本潜力的是每股资本公积金。为什么理论上大于1就有高送转的潜力？因为上市公司的股票面值都为1.00元，送红股送1股就相当于分配利润1元，转增1股，就相当于转增资本公积金1元。

2. 三个目的：

（1）上市公司有再融资的打算。上市公司发行新股的时候总想买个好价钱，而新股的价钱和二级市场的股价息息相关，股价越高，新股的价格也可以定得越高。因此，为了提高股价上市公司就会有大量的送股动力。至于上市公司是否有发行新股的打算，关注上市公司的公告内容就可以了。

（2）“大小非”将至，服务大股东或战略投资。公司的大股东或一些战略投资者持有的股票大多是非流通股，这些股有一个限售期限，一定期限内不得进入二级市场抛售。在这些大股东或战略投资者限售解禁之前，上市公司可能会大量送股，这样股价上涨了，他们就能在高位抛售股票。投资者可以在多种股票软件查到个股详细的非流通股限售解禁日期与程度。

（3）降低股价，增强流动性。很多股民有"恐高"心理，拒绝购买股价较高的股票，当股价高到一定程度之后，股票的流动性就会开始下降。由于心理作用很多人觉得该股股价已经够高了，继续上涨的空间有限。为了增强流动性，上市公司会通过除权来使股价降低。

第8章 乌鸡变凤凰——借壳上市

进行重组的上市公司很多，但并不是每种重组都能使得上市公司发生巨大改变，刺激股价上涨。能够使得乌鸡变凤凰的重组不包括那种收购一两家小企业小打小闹式的重组，而是使得上市公司脱胎换骨，引起市场高度兴奋，导致股价急剧上涨的重组。这种乌鸡变凤凰式的重组最典型的就是借壳上市。

8.1 借壳上市相关知识

8.1.1 简述借壳上市

借壳上市就是即将上市的公司通过收购、资产置换等方式取得已上市公司的控股权，这家公司就可以以上市公司增发股票的方式进行融资，从而实现上市的目的。《上市公司重大资产重组管理办法》第十三条规定，"自控制权发生变更之日起，上市公司向收购人及其关联人购买的资产总额，占上市公司控制权发生变更前一个会计年度经审计的合并财务会计报告期末资产总额的比例达到100%以上的。"（2014年修改后、2016年修改前的标准，我接下来要说的案例也都是在《上市公司重大资产重组管理办法》这段时间发生的。）

与一般企业相比，上市公司最大的优势是能在证券市场上大规模筹集资金，以此促进公司规模的快速增长。因此，上市公司的上市资格已成为一种"稀有资源"，所谓"壳"就是指上市公司的上市资格。由于有些上市公司机制转换不彻底，不善于经营管理，其业绩表现不尽如人意，丧失了在证券市场进一步筹集资金的能力，要充分利用上市公司的这个"壳"资源，就必须对其进行资产重组，买壳上市和借壳上市就是更充分地利用上市资源的两种资产重组形式。而借壳上市是指上市公司的母公司（集团公司）通过将主要资产注入到上市的子公司中来实现母公司的上市。

8.1.2 借壳上市的一般流程

借壳的过程是指非上市公司收购壳公司股份并取得控股权的过程。借壳上市，最主要（或者说唯一）的目的是取得目标公司的上市资格。

借壳上市公司往往只对上市公司的壳感兴趣，而不是上市公司本身的资产。为了保壳和育壳，在借壳上市交易后，必须注入新的增长活力，以提高效益，真正实现通过壳公司而进入资本市场，达到分享资源优化配置的目的。

为达此目的，借壳公司在取得第一大股东地位之后，必须重组董事会，通过董事会对壳公司进行清壳剥离或整合不良资产，同时向壳公司注入优良资产，使壳公司资产质量、经营业绩发生质的飞跃，为借壳上市之后的后续资本运作提供条件，后续过程被称为反向收购。反向收购是借壳上市公司培育壳公司的主要手段，一般有三个步骤。

1. 清壳

清壳就是壳公司资产剥离过程，即剥离壳公司原有的一些不良资产或积压资产，使壳公司通过转让不良资产减少亏损，还可通过高价转让资产获得一笔可观的收益。更为重要的是，通过将壳公司原有的一些非经营性资产或非主营业务资产转让，使壳公司将资金集中于主营业务，或为反向收购提供资金。

2. 资产注入

资产注入就是将新股东的优质资产注入壳公司，通过资产重组，壳公司得到的主要收益是优质资产所产生的新利润。壳公司购买优质资产来自两方面：

（1）资产剥离所得的资金；

（2）通过发行债券和股票所获得的资金。

3. 业务整合

业务整合的好坏将直接影响到借壳上市交易之后的公司表现，是借壳上市后续运作的主体。

8.1.3 借壳上市的成本和收益

企业欲借上市公司的壳肯定是为了在今后取得更大的收益，同时在借壳的过程中借壳方也需要支出一系列的借壳成本。成本和收益究竟包括哪些方面，如表8-1所示。

表8-1 最普遍的借壳方式成本与收益分析框架

过程	成本	收益
（1）取得壳公司的控制权 （2）剥离壳公司的不良资产 （3）壳公司反向收购借壳公司资产	（1）向壳公司原股东支付的价格 （2）向壳公司支付的不良资产的价格（股权置换模式） （3）优质资产的价值	（1）壳公司的价值 （2）所获得的不良资产的价值 （3）壳公司所支付的价格

这只是最普遍的借壳方式成本与收益分析框架，通过股权置换由借壳方吸收壳方的不良资产。还有一些特殊情况下对于不良资产有不同的处置方法，比如剥离给壳公司原控股股东（如巨人借壳世纪游轮），剥离给第三方（如分众传媒借壳七喜控股），不剥离资产而直接注入（如昆吾九鼎借壳中江地产）。剥离给第三方又分先剥离后注入和先注入后剥离。在具体案例中我们会提到，但不是这一章的重点，我们最需要掌握的是如何选择壳资源标的，以及如何通过消息面发现借壳迹象和寻找投资机会。

8.1.4 壳公司的标准

所谓壳公司是指在资本市场上拥有上市资格，但业务规模较小或停业，业绩一般较差，总股本与可流通规模较小或即将终止交易，股价较低的上市公司。

1. 股本规模

股本规模大小在一定程度上反映了借壳的成本高低，过大的股本规模有可能导致借壳上市公司因借壳成本过高而难以完成最终目标。从该视角分析，股本规模越小的上市公司越容易成为壳公司。

2. 股价的高低

对于通过二级市场收购壳公司一定比例股份，从而达到对壳公司收购的操作，股价越低，其收购成本自然越小。（相对同流通盘而言，所以对于有些被爆炒的壳资源有点不喜反忧，趴着别动最好。）

3. 经营业绩与经营业务

经营业绩较差，在同行业缺乏竞争能力，处于中下游水平的上市公司，往往成为目标壳公司。

4. 财务状况

上市公司财务状况是借壳上市交易中需要考虑的一个相当重要的因素。

壳公司财务结构状况如何，直接关系到交易能否获得成功。一般来说，财务状况好的公司不宜成为借壳对象，而财务状况过分差的上市公司对于借壳方来说，因为借壳上市之后资产重组的成本过高，所以也不宜成为借壳对象。

如表8-2所示，根据上述标准，依照由次到优壳公司一般被分为三个种类：实壳、空壳和净壳。

表8-2　壳资源种类区分表

壳资源种类	各自特点
实壳	保持上市资格，业务规模小，业绩较差
空壳	主营业务陷入困境 业务萎缩，即将停业 产品处于衰退期，行业不景气
净壳	空壳的基础上满足"三无"： 无法律纠纷、无负债、无遗留资产

8.2　案例一：巨人掌舵，世纪游轮

2015年上市公司的重组比较频繁，一些资本运作的交易价格多次超过100亿元。其中，受到最大关注的莫过于史玉柱携巨人网络借壳。2015年10月21日，世纪游轮发布公告称，先以6.27亿元价格向原实际控制人彭建虎及其关联方出售全部资产及负债，剥离旧有资产，再作价131亿元购买巨人网络100%股权，向巨人网络的全体股东发行股票；并向不超过10名符合条件的特定对象非公开发行股票募集配套资金，总金额不超过50亿元。

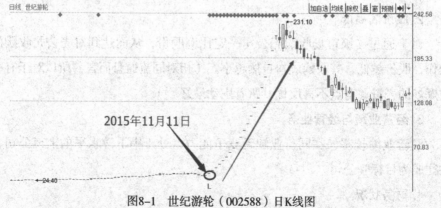

图8-1　世纪游轮（002588）日K线图

值得注意的是，上述作价超过100亿元的重组，在2015年重组频生的A股

市场，交易价格并不算高。但2015年的百亿元重组中没有一家能够在资本市场中引起如世纪游轮这样大的波澜——公司自复牌后，2015年11月11日至12月8日连续20个交易日涨停，如图8-1世纪游轮（002588）日K线图所示。

8.2.1 借壳双方

1. 壳方：世纪游轮

早在2011年3月，世纪游轮登陆深交所时，公司主要从事内河豪华游轮休闲旅游服务的开发和运营，属于"休闲度假旅游产品"。其拥有的"长江航运IPO第一股""游轮第一股""重庆旅游企业第一股""全国旅游业民营企业第一股"四大头衔，吸引了大批投资者的目光，发行市盈率高达81倍。

然而，最近两年世纪游轮业绩大幅下滑。一方面原因在于世纪游轮在长江内河旅游业一家独大的时代远去；另一方面则是2012年起"三公消费"受抑制导致整个游轮市场萎缩，世纪游轮为此受到很大冲击。2015年10月24日，世纪游轮发布第三季度营收报告，第三季度实现营收约1.4亿元，较上年同期减少18.95%；净利润约-2201万元，而上年同期为442万元。

被借壳前世纪游轮总股本仅有6545万股，在A股市场属于"袖珍股"，2014年10月停牌前股价为31.65元，总市值仅21亿元。同时公司资产状况十分清晰，非常适合定向增发（简称定增）收购大体量资产，增发后总股本也不会太大。作为优质壳资源，追逐的对象也很多。巨人网络并不是其第一个牵手对象，重组过程一波三折，摆在台面的重组对象就有三家之多。从最初传闻甚多的九鼎投资（现已借壳中江地产）到过渡期的信利光电（改向IPO道路）再到最后的巨人网络，一度还传出过途牛借壳重组的谣言。

2015年7月28日，公司控股股东彭建虎先生与信利光电股份有限公司（以下简称信利光电）控股股东信利工业（汕尾）有限公司（以下简称信利工业）签订了意向协议，约定了协议双方共同推进世纪游轮向包括信利工业在内的信利光电相关股东发行股份购买各股东持有的信利光电股权等事项。自公司控股股东彭建虎先生与信利工业签订该协议以来，就重组涉及的相关问题进行了多次沟通，但尚未就该重组的最终方案达成一致，经双方友好协商，公司终止了与信利光电的重组事项。经过慎重筹划和论证，公司重新选定了重组交易标的，继续推进重大资产重组事项。公司新重组的标的公司为上海巨人网络科技有限公司（以下简称巨人网络），巨人网络是一家以网络游戏为发展起点，集研发、运营、销售为一体的综合性互联网公司。2015年9月30日，公司与巨人网络及其实际控制人史玉柱先生签订了《重大资产重组意向框架协议》。本次交易方式为拟向巨人网络全体股东非公开发行股份购买巨人网络100%股权并配套募集资金。目前，公司及相关中介机构正在开展与本次重组相关的尽职调查、审计、评估、具体重组方案的论证等相关工作。

2. 借壳方：巨人网络

巨人网络创立于2004年，主业为客户端游戏、移动游戏产品及互联网社区工具的内容开发、发行推广、运营维护等。2007年公司在纽约证券交易所上市，2014年7月公司完成私有化交易退市。根据披露的巨人网络财务数据，巨人网络2012年至2014年及2015年前三季度的营业收入分别为22.71亿元、24.87亿元、23.39亿元及15.48亿元，净利润分别为12.37亿元、13.12亿元、11.59亿元及2.18亿元，业绩明显下滑。

巨人网络曾凭借《征途》火爆客户端网游市场，但之后一直未有新作超越。《征途》于2006年上线，获得成功后于2010年推出了《征途2》，上述两款游戏在报告期内（2012—2015年前三季度）吸金59.8亿元，占总收入的七成。2012年，公司声势浩大地推出《仙侠世界》但反响平平，这款投入巨大的产品在报告期内仅带来了约5.2亿元的营收，远远不能与《征途》相比。而且《仙侠世界》目前已处于衰退期，未来游戏新增用户逐渐减少。

在交易预案中披露的信息显示，巨人网络目前运行的17款产品中，10款为端游。然而根据《2015年游戏产业报告》，自2011年起，客户端游戏无论是销售额、市场占有率还是用户人数，增速均显著下滑，端游市场已近乎饱和。寻求战略转型迫在眉睫。

2007年巨人网络在纽交所上市，上市首日的盘中最高价20.5美元。不过直到2014年私有化完成的7年时间，股价都没有突破上述价格。盈利主力端游《征途》渐渐老去，又缺乏新的盈利点，在相对理性的美股市场遇冷并不意外。对于巨人网络而言，恰逢新产品青黄不接，移动端尚未开拓的困难之际，相较于A股市场给予游戏公司的泡沫化高估值，回归A股是最好的选择。

8.2.2 借壳流程

1. 清理原有债务

2015年10月24日公告："根据中国证监会《关于在上市公司建立独立董事制度的指导意见》《公司章程》和公司《独立董事制度》等有关规定，作为公司的独立董事，本着独立立场，就公司第四届董事会第二次会议审议的《关于提取资产减值准备的议案》发表独立意见如下……我们对《关于提取资产减值准备的议案》表示同意。"

2. 参与定向增发，获取公司控制权

公司同时拟募集配套资金不超过50亿元，用于网页游戏的研发、在线娱乐与电子竞技社区等多个项目，发行价格为29.58元/股，拟发行数量不超过1.69亿股。本次交易完成后，公司总股本将达到5.08亿股，由巨人网络创始人史玉柱控股的兰麟投资及其一致行动人将持有公司发行后总股本41.44%，史玉柱将成为公司实际控制人。

3. 剥离原有资产

重大资产出售，售出世纪游轮原有资产，向原股东现金支付价款。2015年11月11日，世纪游轮发布资产重组方案，世纪游轮将向其控股股东彭建虎（个人持股74.28%）和他控制的新设公司出售现有资产及负债，协定交易价格6.27亿元。

4. 反向收购巨人网络资产

同时公告称，世纪游轮拟向巨人网络全体股东非公开发行股份购买其持有的巨人网络100%股权，世纪游轮将向巨人网络全体股东发行约4.425亿股购买巨人网络全部资产，发行价格为29.58元/股，交易对价为130.9亿元。至此，构成借壳。

区别借壳与一般并购重组的两个条件：（1）实际控制人变更；（2）自控制权发生变更之日起，无论用何种方式向上市公司注入资产，只要累计总额占上市公司控制权变更前一个会计年度期末资产总额的比例100%及以上。

5. 后续操作：重组董事会，改选监事，修改公司章程等

这次借壳的主要流程，如图8-2所示。

注意：在这个案例中巨人网络参与定向增发的目的主要是提高持股比

例，使史玉柱成为控股股东。而真正反向收购的资金来源于壳公司向借壳企业发行新股融资。

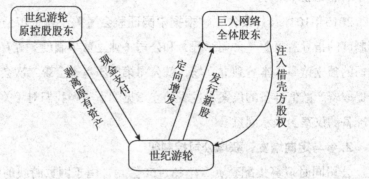

图8-2 巨人网络借壳实际游轮方式示意图

8.2.3 案例特点

一般的借壳走的套路是"股权转让+资产置换"，然而这个案例的套路是"资产出售+增发换股"。如果我们把巨人网络用资金参与增发而世纪游轮又用那些资金来反向收购巨人网络结合起来看的话，其实就是巨人网络用自身的股份折价参与了定向增发。采用这种方式可能有三点原因。

（1）巨人网络方面需要通过参与定向增发提高持股比例，使得史玉柱成为控股股东。

（2）因为世纪游轮原有资产不能算太劣质，在难寻接收方的情况下原有股东愿意收购世纪游轮的资产。

（3）最大的可能是世纪游轮原有股东不愿意出售过多股权，毕竟借壳后享受资本的翻倍这种收益谁不乐意。时至今日，彭建虎依然排在大股东第五位。世纪游轮借壳后还看见这样的新闻："世纪游轮卖壳造批量富豪，董事长父子一月不到成百亿富豪。"

8.3 案例二：昆吾九鼎借壳中江地产

在A股上市可能是九鼎投资很早的目标，九鼎投资总裁黄晓捷曾表态称："买一家证券公司，把九鼎翻盘为一个投行，这也是有可能的。我们是以股权投资为核心的综合性服务机构，核心在于我们对价值有判断能力，以此为中心不断扩展我们金融服务的品类。"

此前我国由于国内此前并无PE直接上市先例，且因IPO暂停等因素，九鼎投资2014年4月登陆新三板，不过最终仍通过借壳实现A股上市。新三板PE大佬九鼎投资（430719.OC）距离PE"主板梦"又近了一步。不过，它巧妙地运用了剥离PE业务，再把它置入上市公司的曲线方式。尽管A股目前有一些创投概念股，但要么是原来业务转型而来，比如鲁信创投；要么就是非上市公司的主营业务如电广传媒子公司达晨创投，PE机构在A股首发上市还没有先例。

如图8-3所示，2015年11月12日复牌之后九鼎投资涨势惊人。

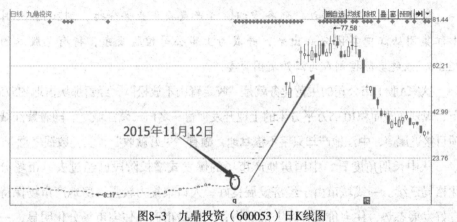

图8-3　九鼎投资（600053）日K线图

8.3.1　借壳双方

1. 壳方：中江地产

1997年4月，江西纸业在上交所挂牌交易，总股本为1.05亿元。

在以后的7年间，江西纸业成为A股上市公司最恶劣的典型。公司从利润丰厚的"国内九大新闻纸定点企业之一"沦为巨亏，资产被大股东掏空（2013年年末净资产为-4.39亿元）。2004年2月，江西纸业原党委书记、董事长、总经理姜和平因受贿、巨额财产来源不明被判死缓，集团管理层有17人同时落马（几乎囊括财务、设备、技术等要害部门的负责人）。

2004年3月12日，江西印刷集团出资3430万元（占注册资金的98%）成立"南昌好又多实业有限公司"（简称好又多）。两天后的3月15日，好又多经司法拍卖获得江西纸业集团持有的大部分法人股（此前进行了两次拍卖均无人问津），成为上市公司的控股股东。好又多、江西纸业集团分别持有总股本的32.1%和15.2%。2004年4月30日，因连续3年亏损，江西纸业被暂停上市。

此次重组不过是地方政府在找到"接盘侠"前的"保壳"之举。如果被终止上市，更没人接这个资产负债率160%、拖欠银行10亿元的"烂摊子"。当时的南昌市政府主动找到省国资委下属的江中制药集团，希望对方出手重组江西纸业，筹码是575亩"工业用地"附带"用地性质变更为商业、住宅等综合用地"的许可。2004年8月，江中集团以每股0.304元的单价受让好又多部分股权，并着手对江西纸业进行重组。

经过一系列股权转让、债务重组、资产置换和业务分拆，到2011年3月中江集团从江中集团分立出来，并成为上市公司控股股东，持有总股本的72.3%。最终实际控制人为江西省国资委。

这家A股上市公司的主营业务就是"咬定青山不放松"，经营那块占地约575亩、规划建筑面积103.5万平方米的土地开发项目，名曰"紫江城"。随着紫江城项目接近尾声，中江地产却只字不提拿地，颇有"见好就收"，卖壳数钱之意。

从中长期角度看，中国房地产市场的爆发式增长阶段已经过去，市场分化格局延续。一线城市由于经济发展良好，人口聚集力较强，房地产市场保持良好发展态势，住宅价格存在上涨动力；二线城市商品住宅市场分化明显，一部分人口集聚、交通便利的区域中心城市和次级区域中心城市去库存进程可能加速，但多数城市去库存进程仍将比较缓慢。而大部分三四线城市房地产市场去库存仍将面临较大困难，且房价存在较大的下行压力。一部分前期风险控制意识薄弱、库存高且库存结构严重不合理的房地产开发企业，以及一部分资金链条紧张、抗风险能力差的中小房地产企业经营将更加困难，甚至有个别房地产企业面临破产。

在这种背景下，中江集团也缺乏继续经营下去的兴趣和信心，此前于2013年3月中江集团就曾挂牌转让51%股权，定价9.1568亿元，转让未果；在2013年12月，中江集团再次挂牌，并降低要求，对受让企业所属行业不再有特定要求，总资产从不低于20亿元降为不低于15亿元，不过依然转让未果。2014年2月中江控股再度恢复挂牌后，终于在3月迎来了两家意向受让者，但是两家意向受让方均未取得合格竞买人资格，故股权挂牌无法成交。

最终在2014年5月15日在江西省产权交易所主持下，8家竞拍机构参与了对中江集团100%股权的竞拍。经历82轮报价，项目底价从18.29亿元一直拉升到最后的41.49亿元，被九鼎投资摘牌，项目增值率达到惊人的126.8%。

2. 借壳方：昆吾九鼎

昆吾九鼎投资管理有限公司是北京同创九鼎投资管理股份有限公司的子公司。2014年北京同创九鼎投资管理股份有限公司已率先登陆新三板。

九鼎投资总部位于北京，在全国50个地区设有分支机构，管理了多只人民币基金和一只美元基金。九鼎投资在消费品、医药医疗、农业、装备制造、化工、新材料、TMT（数字新媒体）、新能源、环保、矿产等10个领域均有专业的投资团队进行长期研究、跟踪和投资，并在部分领域设立有专业基金，在10个领域均有大量的成长期和成熟期项目的投资。九鼎投资累计投资项目超过100家，目前已上市企业及处于上市在审中企业超过40家。

九鼎投资通过昆吾九鼎作为基金管理人发起设立基金，并通过私募的方式向出资人募集资金。出资人在基金中出资大部分并担任有限合伙人，昆吾九鼎则在基金中出资小部分并担任普通合伙人。而昆吾九鼎将按照与基金出资人约定的方式向基金收取管理费，这是九鼎当时收入的主要来源。2015年5月31日，昆吾九鼎管理的基金总规模（以认缴金额计算）为332亿元，其中股权基金共318亿元，债权基金14亿元，股权基金多以合伙企业的组织形式设立，该合伙企业的普通合伙人主要由昆吾九鼎的下属子公司担任。可以看出，昆吾九鼎管理的项目数量并不小，在挂牌新三板之前，昆吾九鼎甚至就是九鼎投资。

在很长一段时间内，国内私募专业性不强，业务的分散性不高，受政策性影响很大，退出方式和投资渠道都非常单一，除了Pre-IPO投资外，其他的投资方式规模都非常有限。在这种形势下，私募机构被迫转型，资金的募集渠道也需要更加多元化，这也成为九鼎投资母公司、子公司分别登陆新三板、A股的原因。

8.3.2 借壳流程

1. 获得控股权

2015年5月15日，公司收到控股股东中江集团就本次股权挂牌转让电子竞价结果的通知：2015年5月15日，中江集团股权挂牌转让项目在江西省产权交易所举行了电子竞价会，北京同创九鼎投资管理股份有限公司（以下简称九鼎投资）最终通过电子竞价的方式以414959.20万元竞得中江集团100%股权，确认为最终受让人。按照相关规定，中江集团的所有股东将与九鼎投资签订《江西省产权交易合同》，该合同尚需江西省人民政府、国务院国有资产监督管理委员会批准后生效。鉴于上述事项仍存在重大不确定性，为保护投资者利益，避免造成公司股价异常波动，公司股票继续停牌。

2. 筹集重组资金

（1）股权质押。

2015年10月8日公布的《股权质押公告》：

"江西中江地产股份有限公司（以下简称公司或本公司）于2015年9月30日收到公司控股股东江西中江集团有限责任公司（以下简称中江集团）通知：中江集团将其持有的本公司37600000股无限售流通股质押给南昌银行股份有限公司科技支行，另将其持有的本公司158237300股无限售流通股质押给重庆国际信托有限公司，并于2015年9月29日在中国证券登记结算有限责任公司上海分公司办理了股权质押登记手续。截至目前，中江集团共持有本公司313737309股无限售流通股（占公司总股本72.37%），其中处于质押状态共计为297337300股无限售流通股（占公司总股本68.58%）。"

（2）定向增发。

2015年11月12日本次非公开发行的发行对象为九鼎投资、拉萨昆吾（系九鼎投资全资子公司）和天风证券中江定增1号集合资产管理计划。

本次非公开发行的定价基准日为第六届董事会第十五次会议决议公告日，即2015年9月24日。本次董事会决议公告前20个交易日（即2015年3月20日及之前19个交易日）公司股票交易均价的90%为10.04元/股。根据2014年年度股东大会决议：公司于2015年6月26日分配现金股利0.06元/股，定价基准日前20个交易日均价的90%据此调整为9.98元/股。本次发行价格为10元/股，高于调整后的定价基准日前20个交易日均价的90%。若本公司股票在定价基准日至发行日期间发生除权、除息的，本次发行价格将进行调整。

本次非公开发行的认购对象均以现金方式认购公司本次非公开发行的股

份。其中，九鼎投资拟认购股份数量不超过61644.94万股（含本数）。拉萨昆吾拟认购股份数量不超过54000.00万股（含本数）、天风证券中江定增1号拟认购股份数量不超过4355.06万股（含本数）。本次非公开发行所有的股票，自股票发行结束之日起36个月内不得转让。

3. 反向收购

2015年12月2日发布的《关于重大资产购买暨关联交易实施完毕的公告》：

"根据昆吾九鼎于2015年12月1日取得的《营业执照》（统一社会信用代码：91110108665630453J）及工商变更登记资料，昆吾九鼎企业类型变更为有限责任公司（法人独资），昆吾九鼎已经成为本公司的全资子公司。据此，公司与九鼎投资和拉萨昆吾已完成本次交易标的资产的过户工作，本公司已合法拥有昆吾九鼎100%股权。"

4. 后续

（1）2015年12月3日《关于公司名称变更的公告》；

（2）2015年12月3日《关于修改〈公司章程〉相关条款的公告》；

（3）重组董事会的一系列公告：

2015年12月17日《关于公司董事会秘书辞职的公告》

2015年12月15日《关于独立董事会辞职的公告》，等等。

8.3.3 案例特点

1. 这个案例最大的特点就是九鼎投资钻了法律的漏洞，将自身的PE业务置入上市公司，变相借壳上市。

借壳上市是指自控制权发生变更之日起，上市公司向收购人及其关联人购买的资产总额，占上市公司控制权发生变更的前一个会计年度经审计的合并财务会计报告期末资产总额的比例达到100%以上。然而，中江地产累计向九鼎集团及其关联方购买的资产总额13.9亿元，占中江地产2014年资产总额的55.36%。这就存在一个主观和客观估值的问题，从客观上来说，如果九鼎的资产占总额的55.36%的话，那么市场的极度兴奋以及那16个涨停板是怎么来的？显然是反向收购时在昆吾九鼎股权折价上做了手脚。

2. 还有一点就是，通过观察借壳流程，这个案例相比于其他案例少了一个步骤——资产剥离。中江地产的原有资产并没有被剥离出上市公司。

个人认为造成这个结果的主要有两点原因。

（1）在发达国家，不动产在PE机构的大类资产配置中占有很重要的位置，可以预期未来中国的PE机构也将把更多资产配置在这一领域。PE机构不仅简单持有并出租房地产，还可以创设一系列基于不动产的金融创新产品，助力房地产去化过程。九鼎投资在2016年经营计划中表示："公司还将探索多种形式的房地产项目收购和房地产金融投资，积极参与房地产去库存进程。"

（2）虽然法律规定："控制权变更及上市公司向收购人及其关联人购买的资产总额，占上市公司控制权发生变更的前一个会计年度经审计的合并财务会计报告期末资产总额的比例达到100%以上。"但是在大众观点里，主营业务是否变更被当成一个很重要的指标（在近期《重组管理办法》修订后已纳入法定指标）没有法律依据，却有舆论压力。因此，不剥离中江地产资产，上市公司的主营业务并未改变，只是加入了"私募投资管理"。

8.4 案例三：分众传媒借壳七喜控股

七喜控股（002027）2016年3月9日发布公告，同意将公司全称由"七喜控股股份有限公司"变更为"分众信息技术股份有限公司"。证券简称由"七喜控股"变更为"分众"。七喜控股同时同意增补杜民为公司第六届董事会独立董事，增补庄建（George Jian Chuang）、信跃升（Yue Sheng Xin）为公司第六届董事会非独立董事。

此前不久，七喜控股刚宣布斥资1亿元投资数禾科技，数禾科技旗下最重要产品是"拿铁财经"，分众准备借道"拿铁财经"，在2016年重点布局互联网金融领域。2015年年底，分众正式成为中概回归A股第一股，当时新公司市值近2000亿元，分众CEO江南春的身价也暴增至接近500亿元。

其实，分众最早的借壳对象是宏达新材，即便在当初分众的备选壳中，也没有七喜控股的名单。只是由于宏达新材遭调查，七喜控股才经广发证券推荐进入分众高层视野。

如图8-4所示，分众传媒的这次借壳也导致了股价的大幅上涨。

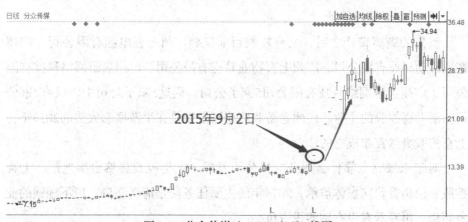

图8-4　分众传媒（002027）日K线图

8.4.1　借壳双方

1. 壳方：七喜控股

七喜数码成立于2010年，以计算机配件、电子产品、通信设备等为主营业务。根据2013年度财务报告，七喜数码总资产占七喜控股合并报表的4.12%，营业收入占16.17%，净利润占22%。

（1）一元钱剥离主业

以电脑起家的七喜控股已经在移动互联网的浪潮中步履蹒跚，2013年甚至出现了有史以来最大的亏损。七喜控股2013年年报显示，公司巨亏1.23亿元，同比大幅下滑1608.88%，净资产也同比大减24.62%。公司解释称，2013年业务调整较大，对一些亏损业务进行了集中处理，对相关库存进行清理，比如不再代理东芝硬盘等业务；另外，公司不再经营手机生产业务，2013年对手机生产类相关设备的减值情况进行了全额计提、对电脑业务的售后及库存也进行了比较彻底的存货清理。巨亏后的七喜控股5月17日公告称，公司5月13日与自然人刘连云签署《股权转让协议》，公司将所持有的广州七喜数码科技有限公司100%股权转让给刘连云，转让价格为1元。

根据立信会计师事务所对七喜数码的审计，截至2013年12月31日，七喜数码净资产为-161万元，经双方共同商定确认本次股权转让价格为1元。七喜控股剥离的是一项占净利润贡献额逾五分之一的主要资产。

（2）发展缺乏前景

密集的剥离转让之后，七喜控股目前仅剩广州七喜电脑有限公司、广州赛通移动科技有限公司、广州七喜物业管理有限公司、广州嘉游网络科技有限公司、广州善游网络科技有限公司5家子公司。而这5家子公司中，仅有2家公司从事七喜控股的主业。广州善游和广州嘉游则是在手游概念大热的2013年，七喜控股突然宣布成立的。

对于未来究竟靠什么业务支撑公司发展，七喜控股显然也很迷茫。七喜控股一位高管曾向媒体坦承，2014年的主要任务便是清洗伤口，把不赚钱的业务剥离，再看看有没有别的投资机会。

七喜控股在投资新业务上似乎总是生不逢时。2012年公司本来计划将发展重心转到以智能手机为代表的智能移动终端上，想把智能手机作为做大做强公司主营业务的突破口。2012年4月该公司启动了非公开发行股票再融资项目，拟大力发展智能手机。但在随后近一年的时间里，智能手机市场环境发生了重大变化，七喜控股撤回了定增申请。电子产品、精密模具、光电子、手游，这是自2012年年底以来七喜控股所做过的跨领域尝试，但是前三个业务随着子公司的剥离也宣告失败，如今只剩下手游。公司借着资本市场追逐网游的大潮，赶时髦介入的手游领域，其最终的经营结果也实在令人找不到乐观的理由。

根据公司2013年年报，广州善游和广州嘉游均处于亏损状态。2013年年报还显示，七喜数码、七喜电脑这两家控股子公司各自的投资收益对公司净利润影响达到10%以上。而剥离了七喜数码之后的七喜控股同时也将损失部分投资收益。

（3）高管纷纷离职

随着主营业务的剥离，七喜控股以前的创业高管也纷纷离职。2月26日，七喜控股董事区日佳辞职，其2005年便加盟七喜控股，担任国际业务部总经理多年。据七喜控股公告，区日佳辞职是因为"公司相关业务调整"。同样原因辞职的还有董事陈敏超，其于2013年11月辞职，已在七喜控股工作将近11年，辞职前是分销事业部总经理。

一个干净的壳公司无疑是大受资本欢迎的注资标的。现如今回顾七喜控股大股东密集剥离转移资产的一系列动作，其目的意在"清壳"。

2. 借壳方：分众传媒

分众传媒主要产品为楼宇媒体（包含楼宇视频媒体及框架媒体）、影院媒体、卖场终端视频媒体等，覆盖城市主流消费人群的工作场景、生活场景、娱乐场景、消费场景。2005年7月分众传媒成功登陆美国纳斯达克（股票代码FMCN），成为海外上市的中国纯广告传媒第一股，并以1.72亿美元的募资额创造了当时的IPO纪录，市值超过70亿美元，是当时纳斯达克中国上市公司龙头股。2012年8月13日，分众传媒收到35亿美元私有化邀约。

分众传媒的线下点位拥有天然的地理位置特征。分众传媒通过对物业信息（楼龄、楼价、地理位置、住户类型等）的分析以及与百度等搜索引擎的合作，得出不同楼宇、社区的消费者品类消费需求和品牌偏好，从而帮助广告主精准投放。同时，分众传媒通过在其设备中置入 WiFi、iBeacon、NFC 接入互联网及移动互联网，实现云到屏、屏到端的精准互动，成为 O2O 互动的线下流量入口，并可以此为平台嫁接促销活动、营销活动、支付手段、社交娱乐、金融服务等。

2012年财报显示，分众传媒总净营收9.275亿美元，同比增长18%，净利润2.381亿美元，同比增长46%，三年的复合增长率为33%。"分众的基本面和财务分析良好"，江南春说，私有化退市是基于后十年发展的衡量。

（1）为何执意私有化？

分众传媒私有化的理由大致有这几点。

① 商业模式不被认同，向往高估值市场。2014年中国A股市场下半年开始的牛市行情，美国纳斯达克和A股之间出现了巨大估值落差，而中国发行制度改革推进，IPO批量发行，使拆VIE回归A股成为无风险套利的火热生意。而当年浑水做空中概股后，中概股遭遇信任危机，致使估值萎靡不振，很多中概股萌生退意。

② 浑水公司做空。2011年浑水发布报告称，"分众传媒有意将其液晶广告屏幕数量至少夸大了50%以上，并将分众传媒的股票定位为'强烈卖出'。"浑水公司研究总监卡尔森·布洛克还指责分众传媒在"知情和故意"的情况下，在多次收购中支付了过高价格并造成亏损。此外，浑水指责分众传

媒内部人士和其商业伙伴通过出售分众传媒资产大发横财，令股东损失惨重，并声称分众传媒存在内幕交易，在买入和卖出分众传媒子公司好多时，有内部人士以低于市场价入股，数名内部人士至少获利7010万美元，股东亏损近1.6亿美元。布洛克最终对分众传媒的评价是："一家漏洞百出的企业，其运作完全是为了向内部交易者提供便利及利益。"

受此负面消息影响，分众传媒股价盘中一度大跌39.49%，报价15.43美元，创下52周新低。

③ 保卫控制权。分众传媒在被浑水做空后，股价一落千丈，比高峰时下跌了60%以上，在股价低迷期间，江南春在分众传媒控制权受到威胁。

复星国际于2008年11月至2009年3月共投资3.05亿美元，在美国纳斯达克公开市场上购买了3765.3077万股分众传媒的美国存托股份（ADS），当时其占分众传媒总股份的26.3%，成为第一大股东。在分众传媒启动私有化收购前，复星国际减持了分众传媒，原因是"实现阶段性的投资收益，同时也为分众传媒计划提供支持"。复星国际目前为分众传媒第二大股东，持股17.2%。

创业者本人的股份如果被稀释到30%以下，对创业者是不利的，不仅做事情的动力不够，也不能按照自己的思路放手去做。分众传媒IPO之前，江南春持股比例为10.95%，IPO之后持股数量不变，持股比例一度被稀释为10.53%。2009年9月，分众传媒向江南春发行并出售7500万股普通股，每ADS价格9.495美元（相当于每普通股价格为1.899美元）。此次增发完成后，江南春持有分众传媒19%的流通股。而私有化启动时，江南春持股比例为17.9%，是分众传媒第一大股东，和减持后的复星国际17.2%股比也仅仅占微弱优势。

其实，江南春一直在股价低位时候购买股份。早前，分众传媒向其定向增发等资本手段增加其对分众传媒的持股比例。而私有化之后，这种状态将得到改变：作为私有化的发起方，江南春将获得在分众传媒更大的话语权。通过私有化，江南春对分众传媒的持股比例将进一步增加。

分众借壳方案中，各投资方将合计减持约20%股权，但江南春并没有按比例减持，迫于要偿还分众传媒私有化留下的债务，江南春仅出让少量股份，在出让部分股份后，江南春仍占有分众传媒股份比例25%左右，在分众传媒股东中，已占据绝对股权优势。公开资料显示，借壳上市前江南春持有分众传媒

26.73%股份，方源资本持股19.71%，复星持股17.43%，中信资本持股9.85%，另一股东持股19.71%，其他股东持股6.58%。

（2）谋求借壳上市

在私有化并购协议中，江南春和投资人们签订了一个重要的对赌条款：如果私有化完成的第四年公司仍未重新上市，将分配至少75%的利润给现有股东。所以为了迅速回归A股市场，自私有化退市之后分众传媒一直在谋求借壳上市，最先接触的对象是宏达新材。2015年6月2日，宏达新材宣布拟通过资产置换、发行股份及支付现金收购资产等方式，购买分众传媒100%的股份，实现分众传媒借壳上市。

然而，天有不测风云。2015年6月17日宏达新材（002211.SZ）发布公告称，公司实际控制人朱德洪收到中国证监会微博调查通知书，因公司信息披露及朱德洪涉嫌违反证券相关法律法规，决定对公司及朱德洪予以立案调查。公司股票存在被实施退市风险警示及暂停上市风险。

不过好处是按照宏达新材宣布的资产收购方案，分众传媒此次估值达到457亿元人民币，与2013年退市时相比，翻了近3倍！分众传媒借壳上市估值是15倍PE，也就是说，这部分股东的收益需要从二级市场上获得，即分众传媒借壳上市，二级市场至少可能给出30～50倍PE水平，那么，他们账面投资收益就有望达到3倍左右。如果没有宏达新材的意外事件，分众传媒2015年6月成功借壳上市，两个月获得3倍左右账面收益，当然是合算的买卖。

虽然市场上壳资源挺多，但是要债务关系明确，股权结构清晰，同时还要能够装下分众传媒这样大的体量，满足这些条件的壳资源并不多。否则，2013年就已经退市的分众传媒也不至于到2015年才完成借壳。

8.4.2　借壳流程

1. 获得控制权

2015年12月24日《关于持股5%以上股东股份变动的提示性公告》：

"本次公司重大资产重组发行股份3813556382股将于2015年12月【　】日在深圳证券交易所上市，新增股份上市后公司股份总数将变更为4115891498股。本次变动后，易贤忠先生不再是公司的控股股东、实际控制人。Media

Management（HK）将持有本公司1019588922股股份，持股比例达24.77%，成为本公司的控股股东，江南春先生将成为本公司的实际控制人。

2. 重组董事会

2015年08月21日《关于董事、副总裁、财务总监辞职的公告》；

2015年09月23日《关于董事辞职的公告》；

2015年11月20日《关于公司董事兼高管辞职的公告》；

2015年11月20日《独立董事关于董事兼高管辞职事项的独立意见》；

2015年12月30日《关于董事、高级管理人员辞职的公告》；

……

3. 借壳方案获证监会同意

2015年12月17日《关于公司重大资产重组事项获得中国证监会批复的公告》：

"七喜控股股份有限公司（以下简称公司或七喜控股）于 2015年12月16日收到中国证券监督管理委员会（以下简称证监会）《关于核准七喜控股股份有限公司重大资产重组及向 Media Management Hong Kong Limited 等发行股份购买资产并募集配套资金的批复》（证监许可〔2015〕2937号），批复内容如下：

一、核准你公司重大资产重组及向Media Management Hong Kong Limited发行1019588922股股份、向Power Star Holdings Hong Kong Limited发行……向上海枫众投资合伙企业（有限合伙）发行4760969股股份、向北京股权投资发展中心（有限合伙）发行4094442股股份购买相关资产。

二、核准你公司非公开发行不超过439367311股新股募集本次发行股份购买资产的配套资金。"

4. 剥离旧资产，注入新资产同步进行

置出资产作价8.8亿元，拟置入资产作价457亿元，两者差额为449.2亿元。置入资产与置出资产的差额部分由七喜控股以发行股份及支付现金的方式自分众传媒全体股东处购买。

分众传媒借壳七喜控股的流程中，七喜控股反向收购分众传媒采用的支付手段非常经典，详见图8-5。

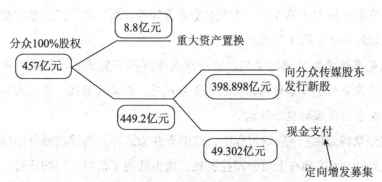

图8-5 七喜控股反向收购分众传媒支付手段简图

根据方案，七喜控股以截至拟置出资产评估基准日全部资产及负债与分众传媒全体股东持有的分众传媒100%股权的等值部分进行置换。其中，拟置出资产作价8.8亿元，分众传媒100%股权作价457亿元。

差额部分由七喜控股以发行股票及支付现金的方式自分众传媒全体股东处购买，发行价格为10.46元/股，合计发行数量为38.14亿股，支付现金金额为49.30亿元。这部分现金大部分又通过定向增发募集而来。

七喜控股拟采用询价发行方式向不超过10名符合条件的特定对象非公开发行股份募集配套资金，总金额不超过50亿元，扣除本次重组中介费用及相关税费后将用于支付本次交易中的现金对价，若仍有剩余则用于补充流动资金。本次非公开发行股份募集配套资金总额不超过本次交易总额的11%。七喜控股本次发行股份募集配套资金的发行价格不低于定价基准日前20个交易日公司股票交易均价的90%，即11.38元/股。根据拟募集配套资金的金额及发行价格下限计算，公司拟募集配套资金发行股份数量不超过43936.73万股。

8.4.3 案例特点

从借壳流程上来看这个案例其实没什么特点，脱离借壳流程之外，通过对公告和分众背景的观察，我觉得还是有两点值得我们注意的。

1. 证监会并购重组委员会的高度关注

按照《重组管理办法》第十三条的规定："本次交易构成借壳上市，需提交中国证监会上市公司并购重组审核委员会审核并取得中国证监会核准后方可实施。"有关本次重组符合《重组管理办法》第十三条等文件有关规定的说明请详见本报告书"第九节　本次交易的合规性分析"之"二、本次交易符合《重组管理办法》第十三条的规定"。

但是通过观察其他的案例，这一点表现得很不突出，往往是先斩后奏的多。而证监会对于分众传媒借壳要求十分规范，我认为原因在于江南春的外籍身份以及分众传媒的境外结构。

在分众传媒回归A股的过程中，江南春并未放弃其搭建的境外结构，仍然通过境外SPV间接拥有上市公司控股权，这也获得了监管部门的认可，避免了更为复杂的拆红筹过程。能实现这个安排的关键原因是江南春拥有新加坡国籍，属于外籍人员，因此监管部门并未对其作出强制拆除境外架构的要求。如果中概股的实际控制人拥有中国国籍，在拆除红筹架构的过程中，实际控制人仍然需要通过其在VIE实体中的股权来实现控制权从境外转移至境内。

2. 借壳之前的一次股权转让

2015年9月，七喜控股董事长、总裁易贤忠与其父亲易圣德签订《股份转让协议》，易贤忠同意将其所持七喜控股的32419398股无限售流通股股份（占股份10.72%）转让给易圣德。上次股份转让完成后，易贤忠仍持有七喜控股32.17%的股份。2015年11月10日，上述股份转让的过户登记手续已经完成。

易贤忠原持有七喜控股42.89%股份，最后江南春控股时股份占总股本的24.77%。如果易忠贤之前没有协议转让10.72%的股份给自己的父亲，那么他的股份应该占18.12%。两者相差并不是很大。而且当时并没有拟好转让给分众方面多少股权，把部分股权转让给自己的父亲，降低自己的持股比例，保证在协议转让之后江南春能够成为控股股东。

8.5　壳资源投资策略

我花了大半年的时间来学习借壳上市的相关知识，有段时间每两周写一个借壳案例分析，本章的三个案例就是我从笔记中挑选出来的。不过尽管经过了这么长时间的关注，我还是认为投资壳股很难。首先借壳中一系列资本运作可能会发生一些突发事件，这是我们无法预测的；其次买入的时机太难掌握，借壳的股票往往多日横盘一日停牌，你可能选中了优质壳资源，但是你很有可能没有耐心持有到它停牌的那天。因此我们虽然有一些方法来选择标的,但是一定要注意风控,切忌仓位过重。投资壳股真是应了那句"谋事在人,成事在天"。

2016年7月19日,我持有一只已经停牌的壳股ST宇顺(002289),借壳会不会成功还不好说。但是我还是决定用它来举个例子,因为买入后该股发布每一条公告我都看了,所以我选择用它来举例。如果最后借壳失败了,诸君认为我水平不行,我也认了,毕竟"运气也是实力的一部分"。

投资壳资源的第一步肯定是通过我上面说的壳资源的批准和类别选出几只壳股,选好后接下来就是持续关注公司的公告与股价了。

如图8-6所示,宇顺电子(002289,被ST之前的名称)在2015年11月11日打开跌停板,当天换手率高达57.84%!这很有可能是有主力在吸筹的信号,因为连续的跌停板使得股民十分恐慌,一旦开板很多股民会不计成本地抛售股票,这时候机构可以趁机快速收集大量的筹码。如此高的换手率让我对宇顺电子十分关注,在股价继续下跌至29元左右轻仓介入。当股价上涨到37元时我也没有减仓,之后一路下跌逼近20元,我继续加仓,如今持仓成本在24元左右。

图8-6 ST宇顺(002289)的日K线图

2015年12月9日《关于公司实际控制人拟变更的提示性公告》:

"魏连速先生将其持有的6526472股公司股份（占总股本的3.49%）转让给中植融云，并将剩余的19579418股公司股份（占总股本的10.48%）对应的表决权委托给中植融云行使。本次权益变动后，中植融云在上市公司拥有的表决权比例将达到13.97%，成为上市公司拥有单一表决权的最大股东，解直锟先生将成为上市公司的实际控制人。这就是借壳流程的第一步"取得控制权"。之后包括董事长在内的多个董事辞职，新董事上任，这就是第二步"重组董事会"。接下来就是"剥离原有资产"了，这一步一般停牌后才会进行。

宇顺电子停牌的时间就非常蹊跷了，2016年4月28日宇顺电子年报公布，由于连续三年亏损，公司要被ST。4月29日停牌，当日公布：《关于公司股票被实行退市风险警示暨股票停牌的公告》。接下来4月30日、5月1日、5月2日是"五一三天假"。不出意外的话，5月3日就会复牌，届时宇顺电子将变为ST宇顺。然而4月29日还发布了一条公告《关于停牌的公告》：

"为避免公司股价的波动，公司特向深圳证券交易所申请公司股票（股票简称：宇顺电子，股票代码：002289）自2016年5月3日开市起停牌，待公司审计机构发表明确结论性意见后申请复牌。"

区别在于上一个停牌是公司被ST后相关法规的要求，只停牌一天；而后一个停牌则是上市公司的主动申请。为什么宇顺电子选在被ST停牌的同时申请停牌？我认为是这样的：公司业绩和年报公布时间是有预告的，所以很多股民之前就预见到了2016年4月28日宇顺电子会被ST，很多股民为了避险打算在4月28日之前抛售，过一段时间再重新买入。宇顺在因为股票被ST停牌一日调整后继续申请停牌，就断送了这些人上车的想法，使得筹码被牢牢握在利益相关方的手里。

5月24日公司又公布《关于筹划重大事项公司股票继续停牌的公告》。6月3日公司公布《第三届董事会第三十六次会议决议公告》公告第二点表示：会议以6票同意、0票反对、0票弃权，审议通过了《关于雅视科技资产整合和股权处置的议案》。这就是第三步"剥离原有资产"。

你可以发现：我是2015年11月底买入宇顺的，然而它到2016年4月29日才开始停牌，2016年6月3日才开始剥离原有资产，这个时间跨度太长。投资借壳的难度就在这里，缺乏依据判断公司什么时候会停牌。

8.6 《重大资产重组管理办法》新规及解读

2016年6月17日，中国证监会就关于修改《上市公司重大资产重组管理办法》公开征求意见。目的是进一步规范借壳上市。

8.6.1 新规主要修改的内容

1. 增设财务指标与特殊指标

在原"资产总额"指标外，新增"资产净额""营业收入""净利润"以及"股份"，且只要任一达到100%，即认定为借壳重组。除上述可量化的财务数据指标标准外，增设了主营业务根本变化的特殊指标，并增设兜底条款。

2. 控制权认定

强化对控制权的实质认定，同时限制通过认购配套融资重新取回上市公司控制权以及上市公司控股股东、实际控制人突击入股标的资产规避借壳的方式。"本条第一款所称控制权，按照《上市公司收购管理办法》第八十四条的规定进行认定。上市公司股权分散，董事、高级管理人员可以支配公司重大的财务和经营决策的，视为具有上市公司控制权。创业板上市公司自控制权发生变更之日起，向收购人及其关联人购买资产，不得导致本条第一款规定的任一情形。"新增"管理层控制"的认定，强化对控制权的实质认定。同时，结合《关于上市公司发行股份购买资产同时募集配套资金的相关问题与解答》，"在认定是否构成《上市公司重大资产重组办法》第十三条规定的交易情形时，上市公司控股股东、实际控制人及其一致行动人拟认购募集配套资金的，相应股份在认定控制权是否变更时剔除计算。上市公司控股股东、实际控制人及其一致行动人在本次交易停牌前6个月内及停牌期间取得标的资产权益的，以该部分权益认购的上市公司股份，按前述计算方法予以剔除。"

3. 限制差壳

第十三条新增"上市公司实施前款规定的重大资产重组，应当符合下列规定：（三）上市公司及其控股股东、实际控制人不存在因涉嫌犯罪正被司法机关立案侦查或涉嫌违法违规被中国证监会立案调查的情形，或者涉嫌犯罪或违法违规的行为终止已满36个月；上市公司及其控股股东、实际控制人最近

12个月内未受到证券交易所公开谴责，不存在其他重大失信行为；（四）本次重大资产重组不存在中国证监会认定的可能损害投资者合法权益，或者违背公开、公平、公正原则的其他情形。"

4. 取消配套融资

取消借壳的配套融资，同时收紧非借壳情形下的配套融资的金额计算标准及用途。"拟购买资产交易价格指本次交易中以发行股份方式购买资产的交易价格，但不包括交易对方在本次交易停牌前6个月内及停牌期间以现金增资入股标的资产部分对应的交易价格。"

5. 延长锁定期

"属于本办法第十三条规定的交易情形的，上市公司原控股股东、实际控制人及其控制的关联人应当公开承诺，在本次交易完成后36个月内不转让其在该上市公司中拥有权益的股份；除收购人及其关联人以外的特定对象应当公开承诺，其以资产认购而取得的上市公司股份自股份发行结束之日起24个月内不得转让。"

6. 增加对规避重组上市的追责条款

"未经中国证监会核准擅自实施本办法第十三条第一款规定的重大资产重组，或者规避本办法第十三条规定，交易尚未完成的，中国证监会责令上市公司补充披露相关信息、暂停交易并按照本办法第十三条的规定报送申请文件；交易已经完成的，可以处以警告、罚款，并对有关责任人员采取市场禁入的措施。构成犯罪的，依法移送司法机关。"

7. 限制变更业绩补偿承诺

"上市公司重大资产重组中，重组方的业绩补偿承诺是基于其与上市公司签订的业绩补偿协议作出的，该承诺是重组方案的重要组成部分，因此，重组方应当严格按照业绩补偿协议履行承诺。重组方不得适用《上市公司监管指引第4号——上市公司实际控制人、股东、关联方、收购人以及上市公司承诺及履行》第五条的规定，变更其作出的业绩补偿承诺。"

8.6.2　新规重点解读：取消配套融资的影响

关于本次《上市公司重大资产重组办法》的修订，最引人关注的就是其中的"取消配套融资",那么我来说说借壳过程中哪部分资金算作配套融资,以及取消配套融资的影响。

首先,我就通过案例3:分众传媒借壳七喜控股的案例来说说哪部分属于配套融资。先看一下这张我画的图(图8-7)。

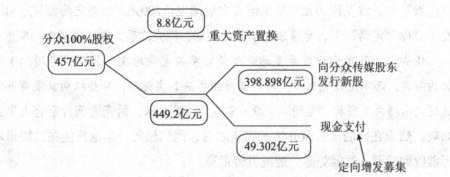

图8-7 七喜控股反向收购分众传媒支付手段简图

图6-7是七喜控股反向收购分众传媒所用支付手段的简图,通过原有资产作价8.8亿万进行资产置换,向分众传媒股东发行价值398.898亿元股份,通过定向增发募集49.302亿元。那么究竟哪部分属于配套资金?通过定向增发募集的49.302亿元。

所谓"取消募集配套资金"就是指上市公司借壳时不能通过定向增发向第三方募集资金,但是仍然可以借壳方发行股份募集资金。

七喜反向收购分众涉及457亿元,而募集的配套资金只有49.302亿元。不过巨人借壳世纪游轮,巨人100%股权作价131亿元,募集的配套资金也有50亿元。然而,世纪游轮募集的配套资金不是用来支付交易对价的,世纪游轮纯粹通过向巨人股东发行股份获得巨人网络100%股权。

七喜控股募集配套资金的目的是支付现金对价和补充流动性资金,而世纪游轮募集配套资金则是为了借壳之后的发展。

那么我们来看一下,如果"取消募集配套资金"会产生哪些影响,我们可以发现七喜控股将不能获得那50亿元,就要另外想办法支付现金对价,比如质押股权融资等。这就要求七喜的股东掏出真金白银来支付现金对价。(同时为了减少现金对价,就意味着向借壳方发行新股的价值总额增大。在不想过分扩大股本的情况下,可能会选择在股价较高的时候进行反向收购。)

再看世纪游轮，那么当时"取消募集配套资金"对借壳有什么影响？毫无影响！世纪游轮只通过向巨人股东发行股份就收购了100%股权。用于发展的资金，大可以在借壳完成之后再进行，对巨人网络毫无影响。那么对谁影响最大呢？参与定向增发（简称"定增"）的机构！借壳之前如果定向增发（简称"定增"），增发价20元，结果借壳之后增发价200元。借壳之前参与定向增发（简称"定增"），有着超过十倍的利润，借壳之后，谁还愿意参与呢？

借壳之前的定向增发更多的好处是对参与定向增发（简称"定增"）的机构而言，而不是借壳双方。新的《重组办法》实施后，那些机构就没有办法通过定向增发（简称"定增"）分一杯羹。A股水深，借壳之前肯定有人事先知晓，然而在新的《重组办法》实施之后，他们想要上车也只能在二级市场提前收购股票，这就势必会造成股价走高。

综上所述，我个人认为"取消配套融资"对借壳双方的实力要求增加了，会在一定程度上抑制炒壳。但是，从中长期看来，对真正打算借壳并且实力较强的公司影响不大。同时，由于监管加强将导致优质壳资源供不应求的局面加剧，优质壳的价值不降反升。我认为新规对我们投资而言还产生了非常重要的一点影响：今后挑选壳资源会更容易。原本壳股都是长期横盘一日停牌，难以潜伏。而今后：

（1）壳公司为了向借壳方股东发行一定股份募集更多的资金，或许会选在股价较高点停牌。

（2）因为机构无法参与定增，只能利用消息面优势在二级市场提前建仓，所以会造成股票放量，股价震荡。

这为我们选择入场时机提供了一个新思路。

第9章 定向增发

定向增发是上市公司经常使用的一种再融资手段，既然是增发就有增发价格。由于参加定向增发的投资者往往和上市公司息息相关，因此股价低于增发价的时候即股价倒挂或破发的情况是上市公司很不乐见的，这种不乐见就成了我们的投资机会所在。具体情况还要视增发力度和参与增发的投资者与上市公司的关系密切程度而定。

9.1 定向增发简介

9.1.1 定义

已经上市的公司，如果又发行新股融资，被称为再融资。再融资的方式共有四种：公开增发、配股、可转换公司债券与定向增发。公开增发指的是上市公司面向所有投资者公开发售新股。配股是指上市公司只向现有股东出售新股。可转换债券是向所有投资者公开发售债券，这种债券在未来可转换为公司股票。定向增发是指上市公司不公开发售新股，而是自己选择不超过10个投资者，向他们出售新股。

这四种再融资模式中，应用得最多的就是定向增发，而为投资者提供最多投资机会的也是定向增发。

9.1.2 应用

1. 再融资与发展

定向增发主要体现为通过定向增发实现外资并购或引入战略投资者财务性定向增发。其意义是多方面的。首先，有利于上市公司比较便捷地实现增发事项，抓住有利的产业投资时机。如京东方，该公司第五代TFT-LCD生产线的上游配套建设正处于非常吃力的时期，导致公司产品成本下降空间有限，如果能够顺利实现面向控股股东的增发，有效地解决公司的上游零部件配套与国产化问题，公司的经营状况将会获得极大的改善。其次，定向增发成为引进战略投资者，实现收购兼并的重要手段，例如华新水泥向第二大股东HOLCIM定向增发1.6亿股后，二股东得以成为第一大股东，实现了外资并购。此外，对于一些资本收益率比较稳定而资本需求比较大的行业，如地产、金融等，定向增发由于方便、快捷、成本低，相对容易得到战略投资者认可。

2. 增加持股比例

定向增发是在原有股本规模上新发行一部分股份，这就意味着上市公司的股本规模会扩大，原股东的股份会被稀释。定向增发对增加持股比例的作用有两方面，一方面是控股股东为了掌握更多的话语权参与定增，增加自身持股比例；另一方面是非控股股东通过参与高额定向增发来增加自身持股比例，方便成为上市公司第一大股东，获得控制权。比如在巨人网络借壳世纪游轮的案例中，巨人网络就参与了世纪游轮融资额50亿元的定向增发，而使得史玉柱成为公司的实际控制人。

3. 增发与资产收购相结合

上市公司在获得资金的同时反向收购控股股东优质资产，即不用现金参与定向增发，而用资产折合成现金参与定向增发。对于整体上市存在明显的困难，但是控股股东又拥有一定的优质资产，同时控股股东财务又存在一定变现要求的上市公司，这种增发行为由于能够迅速收购集团的优质资产，改善上市公司基本面，因此对该股是一个利好。

9.1.3 增发价

按照规定，上市公司定向增发时的股票发行价格不能低于定价基准日前20个交易日公司股票均价的90%。

由于定向增发的价格不能低于定价基准日前20个交易日公司股票均价的90%。因此，定价基准日的选择就非常重要。为了获得更高的新股发行价格，上市公司肯定倾向于将定价基准日定在公司股票连续上涨之后的日期。这样一来定增价格的下限就能因此提高。不过在现实中，定向增发的价格大多数也恰恰就是前20个交易日股票均价的90%。

9.1.4　定价基准日

上市公司可以在三个日期中任选一个作为定价基准日，这三个日期分别是：董事会决议公告日、股东大会决议公告日和发行期的首日。

如上文所说，对上市公司最有利的定价基准日应当是在股价连续上涨之后。正因为如此，所以在上述三个日期中，绝大多数上市公司会选择董事会决议公告日作为定价基准日。因为从理论上来说，上市公司董事会可以随时召开，上市公司可以在股价连续上涨之后，马上召开董事会并将决议公告。而股东大会的召开日期则必须在至少一个月前就公之于众，发行期首日就更难掌控了。因此，我们能发现这么一种现象：很多上市公司在公告董事会有关定向增发预案决议并将公告之日确定为定价基准日之时，其前20天的股价有连续上涨现象。

9.1.5　另一种可能

但是我们也可以发现，在有些情况下，作为定价基准日的董事会决议公告日的前20天股价并没有明显上涨。这就是另一种可能性，也是我们的投资机会所在。由于定向增发的发行对象不超过10个，而这些发行对象大多是重量级机构以及上市公司现有大股东，这些发行对象已经初步与上市公司谈妥了发行价。如果把定价基准日选在股价连续上涨后导致定增价比私下交流的高许多，发行对象可能就接受不了了。

发行对象之所以不能接受过高的发行价格，根本原因在于要给股价留出足够多的上涨空间。毕竟那些机构参与定增的目的也是赚钱，有足够的上涨空间，其参与定向增发才能有利可图。据此也可以推断出，这些参与定增的对象在谈判中处于强势地位，如果公告中称上市公司现有大股东甚至控股股东也参与了定向增发，这种强势地位就很明显。在上市公司发布的公告《定向增发预案》中会说明本次定增的发行对象及其与公司的关系，如图9-1红宇新材《2016非公开发行股票预案》部分截图所示。

三、发行对象及其与公司的关系

本次发行对象为朱红玉和锐德创投两名特定对象，其中，朱红玉为红宇新材控股股东、实际控制人，锐德创投与公司不存在关联关系。

上述发行对象的其他基本情况详见本预案"第二节 发行对象基本情况"。

图9-1 红宇新材《2016非公开发行股票预案》部分截图

红宇新材（300345）在2016年7月17日发布的《2016非公开发行股票预案》中就说明了红宇新材这次定增对象分别为朱红玉和锐德创投，其中，朱红玉是公司的控股股东。因此当上市公司公告董事会有关定向增发预案的决议，而公告日之前的股价没有明显的上涨现象，我们就要去查看定增对象和他们与公司的关系。如果公司的原有大股东也参与了定增，那我们就可以高度关注该股今后的走势了。因为很有可能定增实施之后，股价就会开始上涨。

9.2 股价倒挂

从上市公司公告董事会有关定向增发预案的决议之日，到定向增发实施之时会有一个间隔期，这个间隔期一般长达五六个月。在这个间隔期，上市公司的股价有的时候会因为大盘走熊等大幅下跌。股价跌到了原先定好的定增价之下的情况被称作股价倒挂。

9.2.1 投资机会

出现股价倒挂的情况的个股，应当引起我们重视。这是因为，如果股价一直处于倒挂的情况，那么即使定向增发获得了证监会的批准，也无法实施了。当定增价高于股票价格的时候，那些机构为什么还要参与定向增发？如果想要买入股票，直接在二级市场买入就行了，价格还更便宜。

白云山（600332）于2015年11月17日发布了《关于非公开发行A股股票预案三次修订说明的公告》。最终的定增预案已经于12月9日获得了中国证券监督管理委员会（以下简称中国证监会）发行审核委员会审核通过。要实施定向增发只需再取得证监会的发行批文即可。然而在2016年1月15日，公司股价报收23.26元，已在定增价23.56元之下。由于上市公司定向增发在取得证监会的发行批文后6个月内必须实施定向增发。2016年1月由于熔断市场极度恐慌，大家都不知道股价会跌到什么地步，白云山的董事害怕股价继续下跌甚至6个月期限到时股价依然倒挂，立即在1月16日发布公告《关于非公开发行A股股票发行及授权延期的公告》，申请延期授权。如图9-2白云山（600332）日K线图1所示，2016年1月15日白云山的收盘价已经在定增价之下。

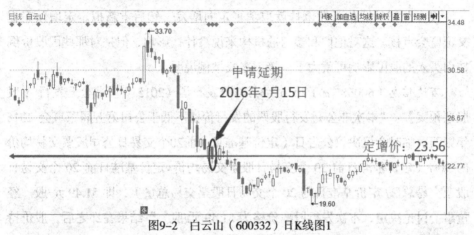

图9-2　白云山（600332）日K线图1

终于在2016年5月3日白云山取得了发行批文，发布公告《关于非公开发行股票申请获得中国证监会核准的公告》。如图9-3白云山（600332）日K线图2所示，2016年5月3日白云山股价还处于倒挂状态，在此之后股价却开始上涨。上市公司为了定增能顺利实施，比普通散户更不能忍受股价倒挂。

图9-3　白云山（600332）日K线图2

如果要说明股价倒挂是有投资机会的，我只要说明5月3日之后股价上涨就行了。我介绍之前1月16日白云山董事申请延期授权只是为了说明一点："白云山方面非常不希望这次定向增发告吹。"为什么这一点很重要呢？因为投资股价倒挂个股的最大一个风险就是：上市公司取消定向增发。

9.2.2 投资风险

很多公司见股价长期倒挂就取消了定向增发，然后重新拟定定增预案提交证监会审核。这对他们和参与的机构来说没什么影响，但是对那些因股价倒挂而买入的股民影响可就大了。接下来我举例说明。

万达信息（600587）于2016年3月31日发布了《2015 年度非公开发行 A 股股票预案》："本次非公开发行股票的发行价格不低于公司第五届董事会 2015 年第四次临时会议决议公告日（定价基准日）前20个交易日公司股票交易均价的 90%（定价基准日前 20 个交易日股票交易均价=定价基准日前 20 个交易日股票交易总额/ 定价基准日前 20 个交易日股票交易总量），即 51.49 元/股。经董事会讨论决定，本次发行股票价格为 51.49 元/股。"结果在那之后，股价持续下跌，如图9-4 万达信息（600587）日K线图所示。

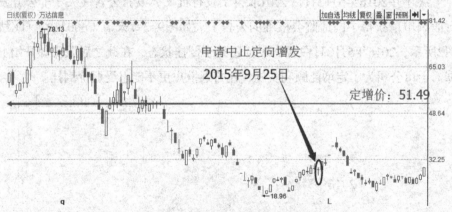

图9-4 万达信息（600587）日K线图

由于股价长期倒挂，万达信息向中国证监会递交了《关于中止审查上市公司非公开发行股票（创业板）的申请》，2015年万达信息发布公告《关于收到〈中国证监会行政许可申请中止审查通知书〉的公告》，中止了本次定向增发，如图9-5所示。

万达信息股份有限公司
关于收到《中国证监会行政许可申请中止审查通知书》的公告

本公司及董事会全体成员保证信息披露的内容真实、准确、完整，没有虚假记载、误导性陈述或重大遗漏。

万达信息股份有限公司（以下简称"公司"）于 2015 年 4 月 28 日向中国证券监督管理委员会（以下简称"中国证监会"）申报了非公开发行股票的申请文件，并于 2015 年 5 月 4 日取得中国证监会《中国证监会行政许可申请受理通知书》（150935 号）。

经综合考虑各方面因素和审慎分析论证，公司拟对本次非公开发行股票方案进行优化调整，经与保荐机构会商后，公司向中国证监会递交了《关于中止审查上市公司非公开发行股票（创业板）的申请》，中国证监会根据《中国证券监督管理委员会行政许可实施程序规定》第二十二条的有关规定，决定同意公司中止审查申请。公司于近日收到中国证监会《中国证监会行政许可申请中止审查通知书》（150935 号）。

图9-5 万达信息《关于收到〈中国证监会行政许可申请中止审查通知书〉的公告》的部分截图

这样的案例不在少数，因此我们在发现股价倒挂现象后应当谨慎投资，一定要注意当股价低于定增价很多、短期内无法超过定增价的时候，上市公司很有可能取消定向增发；还有一些公司进行定向增发只是为了圈钱，比如只是为了补充流动性资金，这些公司取消定向增发的可能性也较高。

9.2.3 股价破发

股价破发和股价倒挂类似，不过股价破发指的是股价在定向增发实施后锁定期结束前股价低于定增价的情况。因为定向增发已经实施，所以投资股价破发比投资股价倒挂风险要小很多。

按照规定，发行对象认购了定向增发的股票后，12个月之内不得抛售，其中控股股东、战略投资者认购的股票36个月内不得抛售。在这12个月或者36个月的锁定期，发行对象当然期望上市公司的股价能够远远超过当初定增的价格。这样等到锁定期结束，他们才能够在二级市场抛售股票获利。但是由于大盘走熊等原因，上市公司的股价有时会跌到当初定向增发的发行价之下，这一现象被称作破发。

对于出现了破发的股票，投资者也可以保持高度关注，因为参与定增的对象是非常不希望出现这种情况的，尤其是在锁定期快结束的时候。如果破发现象一直持续，这就意味着当初参与定向增发的投资者会无利可图甚至亏损。因此上市公司会想办法刺激股价，比如采用高管增持、高送转、通过计提转回等手段操控业绩。抄底股价破发的个股比抄底股价倒挂的个股风险要小很多，需要注意的就是大盘走势。股灾的时候可能上市公司一系列刺激股价的方法也毫无作用。总的来说，投资者在股价破发后购买股票是相对安全的，而且可能还会有很大的上涨空间。

9.3 锁定期结束

《上市公司证券发行管理办法》第三十八条规定上市公司非公开发行股票，应当符合下列规定：本次发行的股份自发行结束之日起，12个月内不得转让；控股股东、实际控制人及其控制的企业认购的股份，36个月内不得转让。

锁定期结束之时，股价低于定增价，这是参与定增的对象和上市公司所不愿看到的，即使当时的股价略高于定增价那些发行对象也是无利可图的。首先因为锁定期结束对二级市场是个利空，部分股民会抛售股票。其次因为参与定增的机构将持有的股票大量集中抛售，还没抛售完股价就会迅速下跌。因此只有股价涨至明显高出定增价的时候，这些参与对象才有盈利空间。

之前说了，在定增实施之后在锁定期结束之前，股价低于定增价格属于股价破发。值得投资价值，尤其是在临近锁定期结束的时候依旧破发最值得我们关注。但是如果在锁定期结束之前股价已经远高于定增价，这种股票在锁定期结束后短期内一般都会下跌。锁定期结束后股价下跌有两点原因，一点是发行对象抛售股票；另一点是利空消息对股价的刺激。由于第二点原因，即使股价低于定增价，发行对象不抛售股票，锁定期结束后股价短期内也可能下跌。但是在下跌之后，若是不存在大盘走熊、上市公司出现重大问题等原因，股价不久就会上涨。比如上峰水泥2016年5月9日限售解禁，前一交易日收盘价6.22元，而定增价是7.32元，限售解禁后股价短期下跌。而没过多久，该股的股价就开始上涨，轻松越过定增价，如图9-6 上峰水泥（000672）日K线图所示。

图9-6 上峰水泥（000672）日K线图

因此，在当投资者发现直到锁定期结束时某股股价还是低于定增价格时也不要急于投资，先通过我接下来要说的三点来判断投资机会的大小。当确定值得投资后，还得等一等，避免承受由"限售解禁"这一很多利空引发股民抛售股票而产生的跌幅。

9.4 关注三点

抄底定向增发的股票无论是股价倒挂、股价破发还是锁定期结束股价在定增价之下，都需要注意这三点。这三点既说明了一次定向增发在上市公司眼里的重要程度也说明了投资机会的大小。

1.有没有战略投资者或者控股股东参与本次定向增发？

一般来说，有战略投资者或者控股股东参与的定向增发股票，投资机会肯定大于只有普通机构参与的股票。

2.发行对象是以现金认购还是以资产整合成现金认购股票？

前者带来的投资机会明显优于后者。

3.定向增发的力度如何？

自然是定增力度越大，我们抄底股价倒挂或者破发的成功率越大。关于评定定向增发力度最直观的指标就是定向增发股份占总股本比例，这个比例越大越好。

我说的这三点，在上市公司定向增发预案中都可以找到。

第10章　ST与去ST

证券交易所会对财务状况或其他状况出现异常的上市公司股票交易进行特别处理，由于"特别处理"，在简称前冠以"ST"，因此这类股票被称为ST股。ST股具有退市的风险，但同时ST股也有脱星摘帽和被借壳带来的超额收益，因此如何投资ST股、规避风险和追逐收益就显得尤为重要。

10.1　ST的相关信息

10.1.1　判定规则

ST——公司经营连续二年亏损，特别处理。

*ST——公司经营连续三年亏损，退市预警。

S*ST——公司经营连续三年亏损，退市预警+还没有完成股改。

SST——公司经营连续二年亏损，特别处理+还没有完成股改。

《证券法》第五十五条　上市公司有下列情形之一的，由证券交易所决定暂停其股票上市交易：

（1）公司股本总额、股权分布等发生变化不再具备上市条件；

（2）公司不按照规定公开其财务状况，或者对财务会计报告作虚假记载，可能误导投资者；

（3）公司有重大违法行为；

（4）公司最近三年连续亏损；

（5）证券交易所上市规则规定的其他情形。

第五十六条　上市公司有下列情形之一的，由证券交易所决定终止其股票上市交易：

（1）公司股本总额、股权分布等发生变化不再具备上市条件，在证券交易所规定的期限内仍不能达到上市条件；

（2）公司不按照规定公开其财务状况，或者对财务会计报告作虚假记载，且拒绝纠正；

（3）公司最近三年连续亏损，在其后一个年度内未能恢复盈利；

（4）公司解散或者被宣告破产；

（5）证券交易所上市规则规定的其他情形。

我国的证券法在退市制度上是最为严格的，反而我们是真正实现退市公司数量最少，炒差炒亏最严重的。那么足以说明问题不出在退市制度是不是不够严格上，而是出现在其他方面。

一方面是上市制度的不尽合理导致了上市成本过高，壳资源珍贵。由于A股市场的现行上市制度是审核制而非注册制，审核制下的上市要求严格，流程复杂，排队时间长，上市时间不确定性高，造成了上市公司在上市过程中需要比较大的财务成本和时间成本。因此，炒差炒亏，买退市股赌重组的风气屡禁不绝。这是直接原因。

另一方面是《公司法》中有关公司的破产清算等环节在设计上有不合理之处，在执行过程中有现实阻力，导致本应破产的上市公司不能顺利破产清算，给了退市公司大量苟延残喘的机会。这是间接原因。

10.1.2 交易制度

在上市公司的股票交易被实行特别处理期间，其股票交易应遵循下列规则：

（1）股票报价日涨幅限制为5%，跌幅限制为5%；

（2）股票名称改为原股票名前加"ST"，例如"ST银广夏（000557）"；

（3）上市公司的中期报告必须审计。

10.1.3 ST股的特性

从历史经验看，ST类公司历来都是年报公布时市场的投资热点，这其中不仅有主业恢复正常所带来的价值型机会，也有摘帽所带来的交易型机会，更有潜在重大资产重组所带来凤凰涅槃的神话。

*ST天成2012年累计涨幅49.9%，从公司的公告可以看出，公司重大资产

重组事宜已经中国证监会核准，是一个典型的涅槃重生的公司。公司已完成本次重大资产重组的全部事项。公司董事会拟更改公司名为盛和资源控股股份有限公司，经营范围增添稀土相关业务。

同时，一些*ST上市公司通过自身努力，有望摘掉公司亏损帽子。比如，2016年2月6日*ST星美披露的2015年报，去年公司实现营业收入1343.58万元，归属于上市公司股东的净利润130.03万元，扣非后净利润（扣除非经常性损益后的净利润）129.59万元。由于公司2015年成功实现扭亏为盈，且审计机构出具了带强调事项段无保留意见的审计报告，经向深交所申请并获得核准同意，公司股票将于24日停牌一天，股票简称自25日开市起由"*ST星美"变更为"星美联合"，股票交易的日涨跌幅限制由5%变更为10%。

因此，从过去的经验来看，ST类股票在一季度有着大幅的绝对收益和相对收益。虽然这种市场表现存在着不少的争议，但确确实实的收益仍然吸引了不少资金面的参与。

10.2 ST变化方向

ST公司未来的变化无非有三个方向：退市、脱星摘帽、被借壳。

10.2.1 退市

我个人不认为即将退市的股票有什么投资机会，也不主张买入这种股票。虽然市场上曾有过买入濒临退市的股票反而收获暴利的例子，比如2014年6月，*ST长油因连续亏损被终止上市，但由于该公司资产规模庞大，股本雄厚，不少投资者"豪赌"公司退市后的回归。于是，当时在*ST长油临近终止上市最后几个交易日中，各路"赌徒"云集，股价不跌反涨，甚至进入股转系统后，长油5又上演连续33个交易日涨停的疯狂戏码。但是买这种股票不叫投资也不叫投机，只能算是赌博和冒险。因此对于退市这部分内容我们只通过ST博元的案例做点科普。

2015年3月26日，博元公司因涉嫌违规披露、不披露重要信息罪和伪造、变造金融票证罪，被移送公安机关。由于未达到恢复上市的条件，2016年3月

21日*ST博元被终止上市。

2014年6月18日，*ST博元因涉嫌信息披露违法违规行为被广东证监局立案调查。

2015年3月26日，*ST博元被中国证监会依法将该案移送公安机关追究刑事责任。

2015年5月15日，*ST博元股票停牌。

2015年5月28日，上交所暂停博元投资股票上市。

2016年3月21日，上交所决定终止*ST博元股票上市。

2016年3月29日，*ST博元将进入退市整理期，交易30个交易日。

根据《上海证券交易所股票上市规则》规定，*ST博元于3月29日进入退市整理期。"退市博元"交易期限为30个交易日，这期间的全天停牌不计入退市整理期，但累计停牌不得超过5个交易日；在整理期交易期间，上交所将每日公布当日买入、卖出金额最大的5家会员证券营业部的名称及各自的买入、卖出金额；*ST博元在退市整理期间不得筹划或者实施重大资产重组。

尽管*ST博元此前几番濒临退市悬崖边际而"不死"，但这一次已经进入退市整理板的博元，要想重新上市希望甚是渺茫。*ST博元申请重新上市须满足三方面的条件：首先是重新申请上市的时间间隔条件。根据《退市公司重新上市实施办法》规定，*ST博元退市后如申请重新上市，应在其股票进入股份转让系统转让之日起届满一个完整会计年度后提出，也就是至少经过2017年会计年度后才可以提出重新上市申请。

2015年8月18日，公司向法院申请重组，但目前尚未被裁定受理，从而尚未进入正式法定程序；公司申请破产重组历时近7个月未有实质进展，也未作出有约束力的具体安排。上交所指出，更值得关注的是，针对因重大信息披露违法被终止上市的公司，综合考虑中小投资者的利益诉求，将"对民事赔偿承担作出妥善安排"列为重新上市的条件之一，公司只有符合该项条件，才有可能申请重新上市。

从博元退市时间来看，其实是传出了一种强烈的政策倾向，表示国家有规范化*ST退市的意图，因为关于注册制推出的种种讨论中国的退市制度一直饱受争议。不管*ST博元退市是国家真心想整顿也好，还只是传达一种信号也好，都表明了今后很难再出现*ST长油的情况。

10.2.2　脱星摘帽

1. 摘帽条件

普通ST股摘帽条件：

（1）净资产为正；

（2）最近两年至少有一个年度盈利；

（3）年营业收入不低于1000万元；

（4）年度审核报告未被出具"无法表示意见"或"否定意见"；

（5）无主要银行账号被冻结；

（6）无公司生产活动受到严重影响且预计在未来三个月之内不能恢复的情形；

（7）无情形严重的控股股东及其关联方非经营性占用资金或对外违规担保。

重组过的ST股摘帽条件：

（1）已按资产重组规定出售全部经营性资产和负债并购买其他资产且已实施完毕；

（2）通过购买进入公司的资产是一个完整经营主体，该经营主体在进入上市公司前已在同一管理层之下持续经营三年以上；

（3）公司本次购买进入的资产最近一个会计年度经审计的净利润为正值；

（4）经会计师事务所审核的盈利预测显示，上市公司完成本次重组后盈利能力增强，经营业绩明显改善。

2. 扭亏及保壳的四种主流方法

（1）主业扭亏

对于上市公司来说，经营好主业才是王道，虽然不少公司"戴帽"原因不尽相同，但是能通过主业扭亏的却并不多。

主营业务为代鸡苗生产销售的*ST民和在遭遇H7N9流感疫情"黑天鹅"事件巨亏后，无奈"戴上"了*ST的帽子。不过，随后公司2014年业绩快报的数据显示，公司2015年4月已摘帽。2015年2月，公司发布业绩快报，预计2014年公司实现净利润6268.81万元。公司表示，随着H7N9流感事件逐渐消退，国内祖代鸡养殖企业开始从源头削减产能控制供给，白羽肉鸡行业在经历长期低迷后开始复苏，市场行情震荡上行，公司主营产品商品代鸡苗销售价格同比上升。

（2）重组

重组不用多说，A股行情换了一波又一波，"重组"概念依旧火热，众多股民也是喜闻乐见。对于不少主业难振的公司来说，重组往往是浴火重生，"乌鸡变凤凰"的最佳途径。如*ST贤成、ST吉炭、*ST联信等均是通过重组的方式注入新的优质资产，扭转业绩保壳成功。

如今证券名已变更为贤成矿业（600381）的*ST贤成，曾经为保壳可谓是殚精竭虑。2013年，*ST贤成净资产为-3423.85万元，营业收入为416.75万元，净利润为792.74万元。按照上交所2012年发布的《关于完善上海证券交易所上市公司退市制度的方案（征求意见稿）》，如果*ST贤成2014年净资产继续为负，或营业收入继续低于1000万元，公司将被暂停上市。同样地，2014年7月31日公司发布的2014年半年报披露公司上半年度净亏损2559万元，保壳之路并不平坦。

2014年9月，事情出现了转机。*ST贤成发布的公告，贤成矿业拟以非公开发行股份的方式购买青海春天药用资源科技利用有限公司99.8034%的股份。发行股份数量为4.9亿股，发行价格8.01元/股，总收购对价39.2亿。曾在退市边缘挣扎的*ST贤成就这样华丽转身，成为国内冬虫夏草概念第一股。

（3）剥离资产

其实，对于不少ST公司，重组也只是备选，扭转业绩的第一步往往是通过剥离不良资产。这样的案例也不胜枚举，例如2015年摘帽的上海三毛。

2013年1月，上海三毛控股子公司三毛进出口供应商美梭公司法人代表因涉嫌骗取出口退税被公安机关刑事拘留，公司也因为涉嫌信息披露违法违规，被证监会调查。连番打击，公司连续亏损，成为*ST大家族一员。此后，公司为了保壳，开始变卖旗下资产。2014年8月，*ST三毛发布公告，拟1.49亿元挂牌转让其持有的上海三毛国际网购生活广场贸易有限公司100%股权，预计能带来1.2亿元非经常性利润。根据公司披露的2014年年报，公司实现净利润6001万元，在成功保壳的同时，也于2015年成功摘帽。

（4）政府补贴

当然，还有一些保壳困难户，则只有通过大股东或者政府的帮忙才能

"摘帽"，例如曾在资本市场上关注度极高的*ST昌九。重组无望的*ST昌九，在2014年10月曾推出一份"简易版"保壳方案，方式非常直接。首先是请示赣州市政府于12月31日以前给予公司经营性财政补贴8000万元，然后要求控股股东豁免*ST昌九1.6亿元债务。

在上述方案获得通过之后，*ST昌九的保壳之路便通畅许多。据2014年年报披露，公司2014年实现净利润3499万元。而据公告显示，公司也将于3月19日正式撤销退市风险警示，证券简称恢复为"昌九生化"。

3. 具体案例

*ST酒鬼（000799）于2016年4月7日发布《关于申请撤销退市风险警示特别处理的公告》。4月21日晚间发布《关于撤销退市风险警示特别处理的公告》，公告称：深交所于4月21日核准同意公司股票撤销退市风险警示特别处理的申请。按照规定，公司股票将于4月22日停牌一天，2016年4月25日开市起复牌并撤销退市风险警示，股票简称将由"*ST酒鬼"变更为"酒鬼酒"，证券代码保持不变，股票交易的日涨跌幅限制由5%变更为10%。

由于公司2013年、2014年连续两个会计年度经审计的归属于上市公司股东的净利润为负值，根据《深圳证券交易所股票上市规则》有关规定，公司股票自2015年4月27日起被实施退市风险警示特别处理，证券简称由"酒鬼酒"变更为"*ST酒鬼"，股票交易日涨跌幅度限制为5%。

根据瑞华会计师事务所（特殊普通合伙）出具的公司2015年度"标准无保留意见"的审计报告，*ST酒鬼2015年度实现净利润7422.67万元，归属于上市公司股东的净利润8856.96万元。根据有关规定，公司股票被实行退市风险警示特别处理的情形已消除。经核查，公司不存在其他涉及退市风险警示及其他风险警示的情形。为此公司于2016年4月6日向深交所提交了上述撤销股票退市风险警示处理的申请。

如图10-1酒鬼酒（000799）日K线图所示，酒鬼酒2016年4月25日后脱星摘帽后股价便开始上涨，并有了较大涨幅。这就是ST股脱星摘帽对股价的刺激作用。同时我们也可以发现，在4月7日酒鬼酒发布《关于申请撤销退市风险警示特别处理的公告》之前股价也在上涨，而4月7日之后涨势就停止了，直到4月25日实行摘帽股价才重新开始上涨。由于每年年初哪些ST股有可能脱星摘帽我们是可以通过专业知识大致判断的，因此有些主力会在上市公司申请撤销退市风险警示之前进入，导致上市公司在申请撤销退市风险警示发布《关于申请撤销退市风险警示特别处理的公告》之前股价就已经上涨，结果之后股价滞涨甚至不涨反跌。这和我在第7章中说的"高送转的抢权和填权"很类似。因此投资ST股脱星摘帽，择时和择股都很重要。

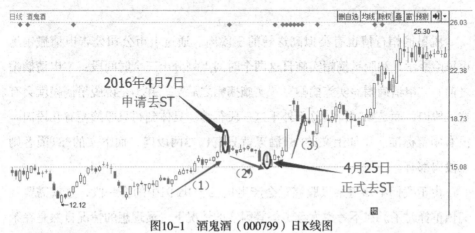

图10-1　酒鬼酒（000799）日K线图

4. 如何择股

判断什么样的ST股可能会脱星摘帽，主要看两个指标：前三季度季报、中报每股净资产。如果某股前三季度业绩均扭亏，同时每股净资产高于1元，那么它就很有可能脱星摘帽了。比如2015年前三季度均扭亏，同时2015年中报每股净资产高于1元的：*ST酒鬼、*ST天化、*ST华锦、*ST水井、*ST建机、*ST中鲁，这些股都在2016年年初脱星摘帽。

选择标的的时候还要注意两个原则：

（1）*ST相对ST优先原则

我们可以发现脱星摘帽的股中*ST××远多于ST××，这是因为：前缀ST表示公司经营连续二年亏损，特别处理。而前缀*ST表示公司经营连续三年亏损，退市预警。因为面临着退市风险，所以相比ST股，*ST股摘帽的意愿要强很多。

（2）国资背景优先原则

有着国资背景的ST公司扭亏的可能性更大，因为其通过重组或者政府补助改善业绩更为方便。2016年摘帽的*ST国通、*ST光学、*ST酒鬼、*ST中鲁、*ST美利、*ST海龙、*ST夏利、*ST华锦等公司的实际控制人均为国务院国资委；同时，*ST银鸽、*ST金化、*ST广夏、*ST建机、*ST阳化、*ST秦岭、*ST南纸、*ST金路、*ST松辽等公司也拥有国企背景。

至于为何如此，只能说四个字"中国特色"，言尽于此。

5. 如何择时

脱星摘帽行情也有类似高送转的三段肉。通过上市公司公告申请撤销退市风险警示日和脱星摘帽实施日这两个时间点划分出三个时间段："申请摘帽之前""申请摘帽→实施摘帽""实施摘帽之后"。并不是说脱星摘帽就会有这三段肉，而是摘帽行情总不外乎这三段行情。具体到每只股摘帽有几段肉，没有固定标准。比如上文的*ST酒鬼就只有1、3两段肉，而下文的*ST霞客则三段肉都有。

由于我们不知道某只股究竟会产生1、2、3段肉中的哪一段，这就需要我们慎重择时了。在不考虑大盘走势等因素的情况下，最理想的情况自然是在第1段之前就买入，如果吃到了第1段肉那么见好就收，1、2段间隔点我们抛售；如果没有第1段肉，那么就期待第2段肉，吃到第2段肉的话就在2、3段间隔点抛售；如果还没有第2段肉，那就期待第3段肉，不过吃到第3段肉的话就没有特定的抛售时间点了。

但是这样做就有两个问题：我们事先无法得知上市公司会在哪一天申请撤销退市风险警示，也就是不知道1、2段间隔点，以及提前布局究竟该提前多久。因此上面说的在第1段肉之前布局其实非常困难。我们来看较稳妥的布局方法（不考虑大盘走势等情况下）：

放弃第1段肉，等到上市公司公布申请撤销退市风险警示日（1、2段间隔点），观察该股是否有第1段肉，如果没有我们就买入，期待第二段肉。如果吃到了第2段肉那我们见好就收，在2、3段间隔点抛售；如果没有则继续持股，期待第三段肉。

10.2.3 被借壳

可以用这样一句话来形容ST股与壳资源的关系："ST股天然是壳资源，而壳资源天然不是ST股。"正因为ST股天然是壳资源，所以ST除了脱星摘帽带来的投资机会外还有可能会被借壳而产生"乌鸡变凤凰"的神话，具体的借壳流程和注意事项和非ST股没什么区别，参见本书第8章。

*ST霞客于2015年12月28日晚间发布重组预案，公司拟以4.83元/股非公开发行9.32亿股，作价45亿元收购协鑫有限100%股权；同时拟以6.08元/股非公开发行募集配套资金不超过40亿元用于投资能源服务、清洁能源发电等项目；交易完成后，公司控股股东将变更为上海其辰，公司实际控制人将变更为朱共山，此次交易构成借壳上市。公司股票将继续停牌。2016年1月11日公司股票复牌。

"公司被借壳之后股价会大涨"这点是肯定的，如图10-2霞客环保（002015）日K线图所示，1月11日复牌后霞客环保迎来了连续几个涨停板。除了这一点以外关于ST股被借壳还有一点值得我们关注：ST股被借壳之后，随之而来的往往就是脱星摘帽。由于借壳使得上市公司发生了翻天覆地的变化，公司的业绩扭亏为盈，接着就是ST股脱星摘帽。

*ST霞客的重组方案显示，上海其辰承诺协鑫有限2016年度、2017年度、2018年度净利润分别不低于40630万元、41680万元、42420万元。由此可以推断出，*ST霞客摘帽仅仅是时间问题。

果不其然，2016年2月5日*ST霞客发布《关于申请撤销股票交易其他风险警示和退市风险警示的公告》。2月24日发布的公告《公司股票交易撤销退市风险警示的公告》中称：公司股票交易自2016年2月25日开市时起撤销其他风险警示和退市风险警示。股票简称由"*ST霞客"变更为"霞客环保"。

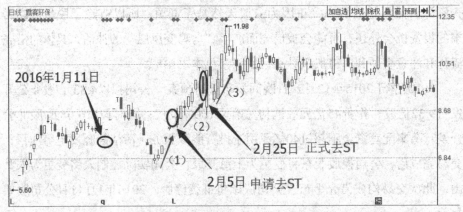

图10-2　霞客环保（002015）日K线图

继续看图10-2可以发现：因为很多人知晓"被借壳之后很可能会脱星摘帽"，所以涨势在2月5日之前就开始了，直到3月初才结束。从连续一字板到开板快速上涨再到震荡上涨可以发现涨势有3个阶段的变化，变化的点就是我在图中标出的点，对应的时间点正好是相关公告披露的时间点，这正符合我前面说的"脱星摘帽三段肉"。

第11章 限售股解禁

限售股解禁指的是受到流通期限和流通比例限制的取得流通权后的非流通股可以上市交易。股民往往视限售股解禁为利空，因为如果限售股解禁后集中抛售的话，集中的抛压会使股价暴跌。但是可以抛售并不意味着就会抛售，只有在股价远高于持股投资者成本的时候他们才会倾向于抛售，如果在股价低于限售股持有者的持股成本的话，他们很有可能选择继续持股。同时由于限售股持有者与上市公司有着或多或少的关系，他们亏钱是上市公司所不乐见的，因此当股价低于限售股持有者的持股成本的时候解禁，对我们而言不仅不是红灯反而是机会。

11.1 股票锁定期

股票锁定期指的是按照相关规定，上市公司某些股东所持有的股票，在一定时期内不得进行抛售。锁定期结束后，这些限售股被解禁，如果股价高于成本价，这些股东就会倾向抛售，从而导致股价下跌。限售流通股大致分三种：一种是新股IPO前的股东持有的股票；一种是与非公开发行、员工持股计划、股权激励计划等有关的股票；还有一种是经历过股改的法人股、国家股等。由于股改离我们太过遥远，实用性不强，我就不做介绍了。

11.1.1 新股发行对应的锁定期

1. 全体股东

所有股东（不区分大股东和小股东，也不区分老股东和新进股东），上市之后最基本标准是锁定12个月。该12个月期限自上市之日起计算。

2. 控股股东、实际控制人

控股股东、实际控制人（不论创业板还是中小板、无论直接持股还是间接持股）等股东在上市之后均应锁定36个月。该36个月期限自上市之日起计算。

3.控股股东、实际控制人的关联方

控股股东、实际控制人的关联方（不论直接持股还是间接持股）均比照控股股东、实际控制人，锁定36个月。该36个月期限自上市之日起计算。值得注意的是一致行动人也应比照关联方，锁定36个月。

4.董、监、高

涉及公司董、监、高锁定期的规定较为复杂，不过可以归纳为下面一句话：上市后1年锁定在职每年25%的出售限制，离职后半年不得转让，离职6个月后12个月内转让额不超过50%。

需要强调的是，面对创业板离职潮的现象，深交所新的规定更为严苛，要求创业板上市公司董事、监事和高级管理人员在首次公开发行股票上市之日起6个月内申报离职的，自申报离职之日起18个月内不得转让其直接持有的本公司股份；在首次公开发行股票上市之日起第7个月至第12个月之间申报离职的，自申报离职之日起12个月内不得转让其直接持有的本公司股份。

至于上市后，董、监、高新增的股份则按照规范运作指引的要求，实施75%（上市满1年）和100%（上市未满1年）的锁定。

11.1.2 其他锁定期

1.定向增发锁定期：

定向增发是从2006年开始实施的一种新的上市公司再融资方式。简而言之，定向增发是指上市公司不公开发售新股，而是自己选择不超过10个投资单位，向他们出售新股。

参与定向增发的这不超过10个的投资单位有着各不相同的锁定期：

（1）锁定期36个月：

发行对象属于下列情形之一的，上市公司董事会作出的非公开发行股票决议应当确定具体的发行对象及其认购价格或定价原则，且认购的股份自发行结束之日起36个月内不得转让：

①上市公司的控股股东、实际控制人或其控制的关联人；

②上市公司董事会确定的境内外战略投资者；

③通过认购本次发行的股份将取得公司实际控制权的投资者。

（2）锁定期12个月：

发行对象不属于上述三者的投资单位认购的股份自发行结束之日起12个月内不得转让。

2.员工持股计划锁定期：

员工持股计划是员工所有权的一种实现形式，是企业所有者与员工分享企业所有权和未来收益权的一种制度安排。员工持股计划实行员工自愿原则，股票来源可以是上市公司回购、直接从二级市场购买、认购非公开发行股票、公司股东自愿赠与等多种方式。相关资金可以来自员工薪酬或以其他合法方式筹集。员工通过购买企业部分股票（或股权）而拥有企业的部分产权，并获得相应的管理权，实施员工持股计划的目的是使员工成为公司的股东。

依据《关于上市公司实施员工持股计划试点的指导意见》，每期员工持股计划的持股期限不得低于12个月，以非公开发行方式实施员工持股计划的，持股期限不得低于36个月。

3.股权激励计划锁定期：

股权激励是一种通过经营者获得公司股权形式给予企业经营者一定的经济权利，使他们能够以股东的身份参与企业决策、分享利润、承担风险，从而勤勉尽责地为公司的长期发展服务的一种激励方法。

在股权激励计划有效期内，每期授予的限制性股票的禁售期不得低于2年。禁售期满，根据股权激励计划和业绩目标完成情况确定激励对象可解锁（转让、出售）的股票数量。解锁期不得低于3年，在解锁期内原则上采取匀速解锁办法。

11.1.3 两种限售股解禁要区别对待

第一种：因为新股本身就是溢价发行，上市后往往又连续暴涨，因此这部分解禁的股票往往有着很大的浮盈。解禁后，持有者会倾向于抛售，所以我们要做的是避险。

第二种：解禁股持有者的持股成本很重要，例如非公开发行股票会有一个发行价，我们一定要知道这个发行价是多少，将其和当前股价进行比较。如果股价高于发行价同样应该避险；如果股价比发行价还低，这对我们来说不是红灯而是机会。

11.2 如何查询

11.2.1 总体解禁情况查询

进入东方财富网的数据中心，点击"特色数据"，点击"限售股解禁"（http://data.eastmoney.com/dxf/）就会出现限售股解禁查询的画面，如图11-1所示。

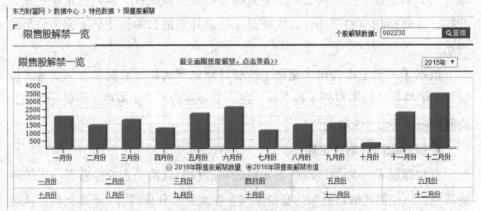

图11-1 东方财富网限售股解禁查询画面

画面正中是A股2015年各月份的限售股解禁情况（右上角可选择年份），这可以作为我们判断大盘走势的一个依据，对于限售股解禁特别集中的月份可以考虑减仓避险。

11.2.2 个股解禁情况查询

打开同花顺PC版，输入股票代码，点击左侧的"个股资料"，然后点击上方的"股本结构"，就会出现该股的解禁时间表，如图11-2所示。

通过这个表我们就能看到该股限售解禁的具体情况，我们需要关注表中的两点：解禁股占总股本比例和解禁股份类型。解读和处理好这两个数据对我们评估解禁力度，如何选择避险和投资都有很大帮助，因此在下一节我将通过这两个数据把限售股解禁划分成4种情况做比较深入的解读。

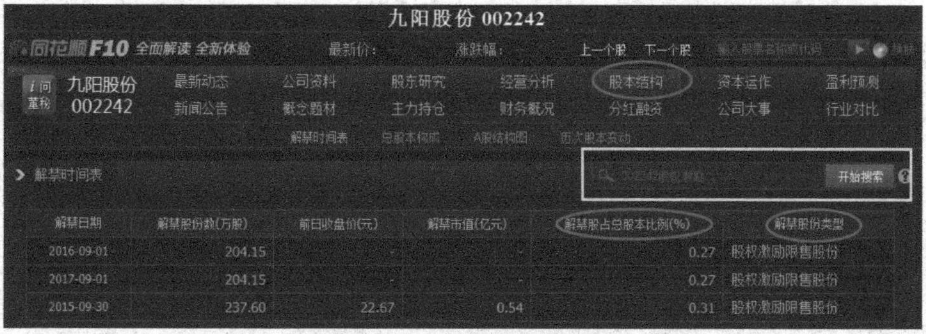

图11-2 九阳股份解禁时间表

同时，我们可以发现，解禁时间表中没有显示解禁股份的发行价（即解禁股持有者的持股成本）。这就需要我们自己去查询，去翻阅上市公司以前的公告肯定很麻烦，这里推荐一个方法——用同花顺自带的"问财"进行查询。在解禁时间表右上方搜索栏输入"股票代码+事件"就能搜索出该事件的具体情况。比如搜索"002242股权激励"，就会出现九阳股份每次股权激励的具体情况，发行价自然也在其中。

11.3 四种情况

说这四种情况之前有一点我要提醒读者一下：由于上市公司的限售股解禁数据是公开的，很多股民在解禁期到来之前就意识到了这一利空，因此很多时候限售股解禁对股价的刺激发生在解禁期之前，等到解禁期真的到来反而不再下跌，甚至出现"利空出尽是利好"的反转。所以对于某些情况，我们不仅要避险，还要提前避险，不要等到解禁当日才去避险。

同时，我的一切分析都是在忽略大盘走势等其他条件的基础上的，你可以发现我刻意选择了在2016年3月和5月解禁的例子，因为这段时间大盘走势比较平稳。

下面进入正题来看看这四种情况，我先通过流程图的形势将解读个股限售解禁的顺序和四种情况表示出来，如图11-3所示。

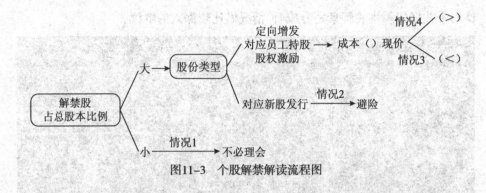

图11-3　个股解禁解读流程图

11.3.1　情况1案例：康强电子

情况1指的是解禁股占总股本比例很小的情况，这种情况我们就不用去进一步了解其他信息了，我们大可以不理会这次解禁。

如图11-4所示，康强电子（002119）在2016年3月7日有一次限售股解禁，这次解禁的解禁股占总股本比例仅为0.69%。

解禁日期	解禁股份数(万股)	前日收盘价(元)	解禁市值(亿元)	解禁股占总股本比例(%)	解禁股份类型
2016-03-07	142.50	23.45	0.33	0.69	定向增发机构配售股份

图11-4　康强电子解禁时间表

观察图11-5康强电子（002119）日K线图，我们可以发现这次限售股解禁对康强电子的股价的刺激很小。

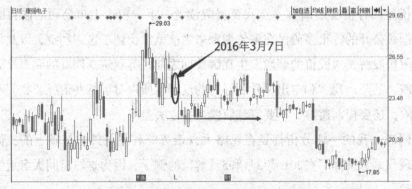

图11-5　康强电子（002119）日K线图

11.3.2　情况2案例：暴风集团

情况2指的是解禁股占总股本比例较大，同时解禁股份类型是对应新股发行的首发配售股的情况。面对这种情况，我们最好选择避险。

如图11-6所示，2016年3月29日暴风集团发布《关于部分首次公开发行前已发行股份上市流通的提示性公告》中显示：2016年3月31日暴风集团限售股解禁，本次解除限售的股份数量为124683996股，占总股本比例为45.37%；实际可上市流通数量为94868478股，占总股本比例为34.52%。

特别提示：

1、本次解除限售的股份数量为124683966股，占公司总股本的 45.37% ；
实际可上市流通数量为94868478股，占公司总股本的 34.52% 。

2、本次限售股份可上市流通日为 2016 年 3 月 31 日 。

图11-6 暴风集团《关于部分首次公开发行前已发行股份上市流通的提示性公告》部分截图

这里有一点值得我们注意，限售股解禁后并不意味着就能在二级市场流通，有些时候由于股东进行股权质押或者作出了承诺导致一部分限售股解禁后也不会上市流通。有些时候你看某公司解禁股份占总股本比例很大，对股价的影响却很小，有可能是因为其实际可上市流通的股份占总股本比例并不大。暴风集团的这个例子实际可上市流通股份数量虽然比不上解禁股份数量，但是占总股本比例依然很大，对股价的刺激也就很明显。

暴风集团的股价在限售股解禁当日收跌停板，接着股价开始了持续下跌之路，不到两个月的时间股价从100元左右跌到了60元左右，如图11-7暴风集团（300431）日K线图所示。

图11-7 暴风集团（300431）日K线图

11.3.3 情况3案例：钱江水利

情况3指的是解禁股占总股本比例较大，同时解禁股份类型对应定向增发、股权激励、员工持股等，并且当前股价>发行价的情况。

为什么要比较发行价与当前股价呢？因为"发行价=限售股股东持股成本"，如果当前股价远高于限售股股东持股成本，限售股解禁后，这些股东肯定会倾向于抛售股票，从而导致股价下跌；而如果当前股价低于或仅仅略高于限售股股东持股成本，由于无利可图这些股东就缺乏抛售欲望。

如图11-8所示，2016年3月2日钱江水利（600283）限售股解禁，解禁股占总股本比例为14.33%，较大；解禁股份类型为定向增发机构配售股份；通过查询得知那次定向增发发行价为11.01元，解禁期之前的股价>发行价。

解禁日期	解禁股份数(万股)	前日收盘价(元)	解禁市值(亿元)	解禁股占总股本比例(%)	解禁股份类型
2018-03-02	1707.97	-	-	4.84	定向增发机构配售股份
2016-03-02	5058.61	13.90	7.03	14.33	定向增发机构配售股份

图11-8 钱江水利解禁时间表

如图11-9钱江水利（600283）日K线图所示，在解禁期及解禁期之前几个交易日，股价是比发行价11.01元高很多的，因此在解禁期那段时间钱江水利的股价一直在下跌。我们还可以发现，再往前看一段时间，股价低点11.19元和发行价很接近，如果一直维持这个状态到解禁期，那么那些限售股股东将无利可图，因此才有了之前的那一波上涨。

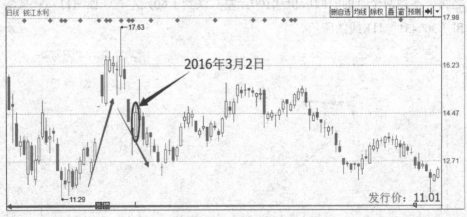

图11-9 钱江水利（600283）日K线图

11.3.4　情况4案例：上峰水泥

情况4指的是解禁股占总股本比例较大，同时解禁股份类型对应定向增发、股权激励、员工持股等，并且当前股价<发行价的情况。这种情况我们不仅不需要避险，反倒可以去尝试发现其中的投资机会。

如图11-10所示，2016年5月9日上峰水泥（000672）限售股解禁，解禁股占总股本比例为45.67%，很大；解禁股份类型为定向增发机构配售股份；通过查询得知那次定向增发发行价为7.32元，高于解禁日前一交易日的收盘价为6.22元。即当前股价还在那些限售股股东的持股成本之下，如果解禁后立即抛售，那些股东将面临亏损，因此这种情况对投资者而言不仅不是红灯，而且是一次难得的投资机会。

解禁日期	解禁家股份数(万股)	前日收盘价(元)	解禁市值(亿元)	解禁股占总股本比例(%)	解禁股份类型
2016-05-09	37160.81	6.22	23.11	45.67	定向增发机构配售股份

图11-10　上峰水泥解禁时间表

如图11-11上峰水泥（000672）日K线图所示，上峰水泥（000672）于2016年5月9日限售股解禁，前一交易日收盘价为6.22元，而定增价是7.32元。限售股解禁后股价短期下跌。而没过多久，该股的股价就开始上涨，轻松越过发行价。

图11-11　上峰水泥（000672）日K线图

11.4　审时度势看解禁

我的所有分析都是忽略了大盘走势等因素的，但是在实战过程中这些因素是不可忽略的，不同情况下的限售股解禁对股价的影响不尽相同。

比如民生银行（600016）解禁额度达到100亿元以上，解禁日之后该股在前期累计了较大升幅的情况下，依然维持强势，没有减持、争相套现的情况出现。

再比如2016年1月，在外围股票市场普遍表现不佳、国内PMI数据低于预期、商品房巨量库存待消化、多行业产能严重过剩等不利消息的影响下，市场上涨遇到的阻力就比较大，再遭到解禁高峰的冲击，大盘指数的走势就显得很不乐观。而反观牛市的时候很多股票限售股解禁对股票的强劲涨势毫无影响。

这就意味着我们需要审时度势地来看待限售股解禁，具体怎么做呢？我认为是这样的：

首先是看市场的整体环境，如果是处于牛市行情中，那么限售股的解禁影响并不会很大；如果是熊市或者是牛市向熊市的转换时期，这时候限售股解禁可能就会成为下跌的导火索。除此之外还要看具体公司股票的价值，如果投资者普遍看好这家公司的前景，那么抛售、套现的现象就不会出现，甚至还会惜售、持有，这一切都取决于根本的利益取向。

其次要看解禁的股东对象是上市公司、控股股东还是其他股东，不同类型的股东对股票的负责任程度也不同。如果上市公司是处于行业垄断地位、控制国家经济命脉的上市公司，这类股东不会轻易套现。在这基础上，最后再套用我说的四种情况。

第12章 财务数据披露

财务数据是基本面投资者最喜欢的东西，但是作为消息面投资者，我们也要对此有所了解。一方面有优良的财务数据支撑的上市公司往往比较抗跌，适合做防御型品种，我们可以分散一部分资金投资他们来降低风险。另一方面，业绩反转、业绩爆表和业绩大幅亏损的披露会对投资者信心和预期产生巨大影响从而影响股价，这属于消息面的范畴。

12.1 年报

年报全称年度财务报表，是指以一个完整会计年度（自公历1月1日起至12月3日止）为基础编制的财务报表。年报披露时间是每年1月1日—4月30日。报表内容有公司经营状况，公司一年内的负债和收入情况。年报包含主营业务收入、毛利、营业利润、净利润的增长率、资产负债表等。

12.1.1 上市公司年报的格式

上市公司年报的格式按照有关规定是固定的。主要包括以下11个部分：

（1）重要提示；

（2）公司基本情况简介；

（3）主要财务数据和指标；

（4）股本变动及股东情况；

（5）董事、监事和高级管理人员；

（6）公司治理结构；

（7）股东大会情况简介；

（8）董事会报告；

（9）监事会报告；

（10）重要事项；

（11）财务会计报告。

12.1.2　年报的解读

对于年报的解读，投资者最好先阅读财务摘要指标，了解公司收益情况，比较近几年公司业绩变化情况和趋势。其次，在分析损益表、资产负债表和现金流量表时，要重点考察一些指标，比如损益表中的毛利、主业收入、主业利润、营业利润、净利润的增长率，资产负债表中的应收账款、存货绝对变化和相对主业收入的比例等。如果发现指标出现明显异常的变化的话，就需要寻找该指标变化的原因。最后，除了对三张财务报表进行分析外，公司年报中还有这几个方面也值得我们仔细阅读，比如财务报表的附注、公司重大事件、注册会计师的审计意见以及管理层对公司经营情况的认可程度等，依靠这些我们可以大致了解公司的经营状况以及公司和中介机构对公司经营情况的解释。

在具体解读的时候我们需要注意以下三点：

1. 客观全面地评估年报

许多上市公司喜欢用大篇幅的文字描述有关公司或项目的美好前景，而对能带来多少收入和利润却只字不提，易给人以误导，投资者应重点看看利润增长点在哪里，分析公司收入和利润的真实性，尤其关注关联交易的文字。若关联交易额很大，对利润的影响较重大，则投资者须保持警惕。

分析并判断公司的风险因素。如公司在经营上是否面临行业竞争方面的风险，是否存在利息过重的问题，公司的重大诉讼是否会影响公司的生产经营，以及公司的应变能力和抗风险能力如何。

研究公司的长期投资也很重要，因为我国的长期投资现行会计政策仍是成本法或权益法，公司有些长期投资可能已经亏损了，但账面上却看不出来。

2. 判断公司的潜在发展情况

我们经常发现上市公司某年业绩突然爆表，而很多时候业绩爆表并不是因为上市公司的经营，而是重大资产重组、财政补贴、发行股票时的冻结申购资金利息收入、资产转让收入等。在分析公司当年的利润时，要注意区分哪些是可以持续获得并可能增长的，哪些是一次性的。投资者在最后预测公司未来利润时，要将这些一次性的收益先行剔除。

未来年度公司利润增长点在哪里？上市公司在年报或中报中，有一些对未来发展进行规划的不确定的文字，有时能让投资者得到一些关于公司发展前景的信息。投资者要认真研读"公司新年度业务发展计划"。了解公司的税收政策，判断是否可能发生变化。

税收政策直接影响公司的净利润。我国的税收政策还不规范，各上市公司的情况不尽一致，投资者应予以适当注意。尤其要注意，有些公司与当地财政部门签订了在一定的时期内税收返还协议，何时到期，会不会续签，可以打电话询问。另外，三资、高科技等税收优惠有期限，投资者须注意何时到期。

3. 看财务报表附注

由于规定会计项目中比上年同期涨跌幅度超过30%的要加以说明，一些重要项目的增减说明，会对阅读报表有很大帮助。

比如：有些上市公司主营收入增加很快，但流动资金也有大规模的增长，在财务报表附注中可以发现大多数流动资金都是应收账款。这种情况往往是由于同行业竞争激烈，上市公司利用应收账款来刺激销售，在这种情况下上市公司不得不牺牲良好的财务状况来换得账面盈利的虚假性增长。这往往预示了该行业接下来的供求关系会发生一定的变化，投资者应有所警惕。

12.2 中报

中报指公司公布的本公司上半年的财务报表，通常在第三季度发布。一般上市公司自己安排中报时间，一般在7月1日—8月31日。

公司编制中报的目的在于：两个年度报告之间时间相隔过长，通过公布中报以帮助投资者预测全年业绩。所以我们投资者必须以发展的眼光来看待中报业绩，而不仅仅是关心那些静态的数据。

对于投资者来说，要通过中报了解公司的发展状况，必须弄清以下几个问题：

1. 中期业绩只是全年业绩的组成部分，并不是二分之一的关系

尽管从时间上看它们是二分之一的关系，但从会计实质上看并不是严格的二分之一关系。上市公司有许多账务处理是以会计年度作为确认、计量和报告的依据。例如，上市公司对控股20%的子公司以成本法计算投资收益，这种收益只有到年底才能收到或确定，因此它在中报中就不能显示出来。

2. 宏观经济对微观经济的影响有滞后性

尽管股票市场会对宏观经济立即或提前作出反应，但宏观经济对上市公司业绩的影响却有滞后性，不同行业的上市公司滞后的程度也不尽相同。如尽管银行宣布减息，但由于上市公司的债务大都预先确定了利息和时间，因此短期内并不会减轻公司的利息偿还压力。

3. 中报的阶段性和生产经营的连续性

中报的阶段性决定了它与上年同期业绩最具可比性，但却容易使人忽略生产的连续性。由于今年上半年与去年下半年在时间上是连续的，因此我们在与去年同期进行比较的同时，还应该和去年下半年的业绩进行比较，看其显露出的发展趋势。

4. 销售的季节性对前后半年业绩的影响

由于许多公司的生产、销售有季节性，如果经营业绩在上半年较好，则上半年的业绩会超过下半年，如冰箱、空调等。反之，下半年会超过上半年，如水力发电，因为上半年为枯水期。此外，公司一般喜欢将设备检修放在营业淡季进行，这使得淡季和旺季之间的业绩相差更大。

在剔除了上述因素的影响之后，我们就可以全面地审视公司中报，重点应放在以下几个方面：

1. 负债的动态情况

负债率的大小直接关系到公司的经营能力，既不能过高也不能过低，一般保持在50%～60%较合适，当然行业不同有很大的区别，如流动性好的零售行业其负债率甚至可达到80%。中报中如果公司长期负债增长较快，公司可能有增资配股的意愿；如短期负债率增长过快，对公司当年年底的分红不可有很高的预期。

2. 效益的真实情况

如果公司上半年业绩与去年同期有不小的升幅，且存货、应收账款呈下降趋势说明公司经营状况较好；反之，如存货、应收账款呈上升趋势，则公司业绩就要大打折扣。

3. 潜在的盈亏情况

主要通过公司固定资产和递延资产的净值变化情况，来分析是否存在潜盈和潜亏的可能。如果公司累计的固定资产和递延资产呈平稳趋势，说明公司未及时计提和转出折旧费用，公司有潜亏和减利的可能。反之，公司的利润可靠，甚至有潜盈的可能。

4. 募资使用情况

对于刚刚增资配股的公司，在中报中对募集的资金使用情况进行阐述时，大致有两种情况：一种是改变募资时承诺的用途；一种是没有如期按进度实施。这两种情况很复杂，分析必须围绕能否产生新的利润增长点为中心展开。

5. 配股资金到位情况

配股资金到位率的高低直接关系到公司的发展后劲，虽然公司会单独发布股本变动的公告，但是没有与中报、年报结合起来，投资者很容易忽视，这在读中报时务必注意。

中报按规定无须经注册会计师审计，这使得中报提供的信息可靠性大大降低，而且中报的编制具有较大的随意性，因此投资者在阅读中报时应格外谨慎。

6. "或有"的各种情况

在分析公司财务信息的同时，还要阅读中报中的文字报告，从中看清公司各种"或许会发生"的"或有"事项。

12.3 季报

季报是指上市公司每三个月结束后的经营情况报表。需要注意的是，季报披露的并不是该季度三个月的经营情况，而是每一个会计年度年初至该季度的经营情况，三季报披露的就是上市公司前三个季度的经营情况而不是第三季度的经营情况。上市公司披露的季报只有一季报和三季报，分别披露第一季度和前三季度的经营状况，披露前两个季度的数据有中报，披露全年四个季度的数据则有年报。

上市公司季报披露时间：

一季报：每年4月1日—4月30日。

三季报：每年10月1日—10月31日。

相对于半年报、年报，上市公司季报披露内容简单一些。同时季报不会像年报和中报一样公布一些重大事项，比如上市公司往往在中报和年报期间发布高送转预案，而季报就没有这种情况。对于季报不必做太多解读，重点是关注是否有扭亏为盈、业绩报表等情况对股价短期形成刺激，以及通过季报对半年全年业绩作出一定预测。

12.4　业绩提前披露

12.4.1　业绩预告

上市公司预计全年度、半年度、前三季度经营业绩将出现下列情形之一的，应当及时进行业绩预告：

（1）净利润为负值；

（2）净利润与上年同期相比上升或者下降50%以上；

（3）实现扭亏为盈。

半年度业绩预告修正公告的披露时间最迟不能晚于7月15日，前三季度业绩预告修正公告的披露时间最迟不能晚于10月15日，年度业绩预告修正公告的披露时间最迟不能晚于1月31日。

12.4.2　全年业绩预告

每年11月1日至来年1月31日之间，上市公司若符合下列两项条件之一，要对全年业绩进行预告。

条件一：预计全年业绩将出现亏损、实现扭亏为盈或者与上年相比业绩出现大幅变动（上升或者下降50%以上）。

条件二：在会计年度结束后1个月内，经上市公司财务核算或初步审计确认，公司全年经营业绩将出现亏损、实现扭亏为盈、与上年同期相比出现大幅变动（上升或者下降50%以上）。如果规定时间内没有预告，说明该公司全年业绩很可能同比增幅或降幅不会超过50%。

12.4.3 业绩快报

有条件的公司可以主动披露全年业绩快报。只有在上市公司全年业绩被提前披露，或者因业绩传闻导致公司股票异常波动的情况下，上市公司才必须披露业绩快报。中小板上市公司、创业板上市公司的业绩快报也另有要求：如果公司年报预约披露时间为3月或4月，公司应当在2月底前披露业绩快报。

12.5 查询方式

对于上市公司披露的财务数据，最实时的方式自然是关注上市公司的相关公告。但是如果是打算长线持有某只股票的话，就不能只研究上市公司的财务报表。查阅往年财务报表比较快捷的方法是运用同花顺PC版，点开“个股资料”，点击“财务概况”，滚动到最下面就会发现“财务报表查看”，这么做就能够查看近几年的财务报表，如图12-1所示。

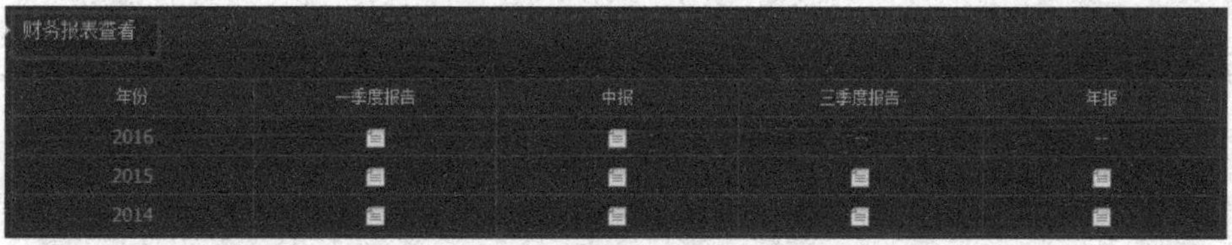
财务报表查看

年份	一季度报告	中报	三季度报告	年报
2016	▤	▤	--	--
2015	▤	▤	▤	▤
2014	▤	▤	▤	▤

图12-1 同花顺PC版财务报表查看

如果只想关注近期财务数据披露，又不想关注和筛选上市公司发布的每条公告的话，也可以在同花顺PC版“个股资料”中点开“最新动态”，就能够看到“近期重要事件”。如果近期有业绩披露或者业绩预告的话都会在这里显示出来，然后我们再通过业绩披露和业绩预告对应的时间，去把对应的公告找出来查看细则，如图12-2所示。这种做法很方便，可是做不到实时。

有时候通过“近期重要事件”中业绩预告发布的日期去找对应公告，会发现找不到业绩预告的公告，这是因为很多时候上市公司会在财务报表中做出业绩预告。仔细看图12–2业绩披露和业绩预告的日期，是同一天，这就是在财务报表中做出了业绩预告。在当天上市公司发布的财务报表中一定能找到业绩预告，如图12–3所示。

近期重要事件

2016-08-25　发布公告：《黑牛食品：独立董事关于第三届董事会第二十五次会议相关事项的独立意见》等7篇公告
2016-08-25　分配预案：不分配不转增
2016-08-25　业绩披露：2016年中报每股收益-0.08元，净利润-3771.43万元，同比去年增长49.71%
2016-08-25　业绩预告：预计2016-01-01到2016-09-30业绩：净利润3000万元至5500万元,上年同期业绩:净利润-15920.44万元;
变动原因 ▼
2016-08-25　股东人数变化：半年报显示，公司股东人数比上期（2016-03-31）减少2082户，幅度-4.58%

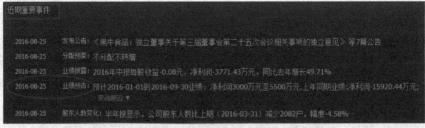

图12–2　同花顺PC版黑牛食品近期重要事件截图

近期重要事件

2016-08-25　发布公告：《黑牛食品：独立董事关于第三届董事会第二十五次会议相关事项的独立意见》等7篇公告
2016-08-25　分配预案：不分配不转增
2016-08-25　业绩披露：2016年中报每股收益-0.08元，净利润-3771.43万元，同比去年增长49.71%
2016-08-25　业绩预告：预计2016-01-01到2016-09-30业绩：净利润3000万元至5500万元,上年同期业绩:净利润-15920.44万元;
变动原因 ▼
2016-08-25　股东人数变化：半年报显示，公司股东人数比上期（2016-03-31）减少2082户，幅度-4.58%

图12–3　雏鹰农牧一季报公告部分截图

比如雏鹰农牧（002477）的2016年一季报中就作出了对2016年1—6月经营业绩的预计，即中报所要披露的业绩的预计，如图12–4所示。

雏鹰农牧集团股份有限公司 2016 年第一季度报告全文

四、对 2016 年 1-6 月经营业绩的预计

2016 年 1-6 月预计的经营业绩情况：归属于上市公司股东的净利润为正值且不属于扭亏为盈的情形

归属于上市公司股东的净利润为正值且不属于扭亏为盈的情形

2016 年 1-6 月归属于上市公司股东的净利润变动幅度	8612.15%	至	8660.55%
2016 年 1-6 月归属于上市公司股东的净利润变动区间（万元）	45000	至	45250

图12–4　雏鹰农牧第一季度报告部分截图

12.6　财务数据披露中的机会

财务数据给投资者提供了两类机会，一类是通过财务分析一家公司是否有长期投资价值；另一类是"财务数据披露"这一事件本身会刺激股价。市面上有很多指导如何通过分析财务数据来判断一家公司有没有投资价值的书，但我写的是一本关于股市新闻的书，所以我们只说第二类投资机会。

两种情况的财务数据披露对股价的刺激最大，一种情况是扭亏为盈，另一种情况是业绩爆表。

在中国股市扭亏为盈的公司远比那些业绩持续稳定增长的优质公司更受股民欢迎。2016年高考全国卷作文是看图写作，图里有两个小孩，左边的小孩第一次考试考了100分，妈妈奖励了他一个吻，第二次考试他考了98分，挨了一大耳刮子；右边的小孩第一次考试考了55分，挨了一个耳刮子，第二次考试考了61分，结果他妈妈奖励他一个吻。有股民配文："业绩反转才是王道！"

2016年1月28日雏鹰农牧发布《2015年度业绩快报》：2015年度公司实现营业总收入361751.26万元，同比增长105.34%；实现净利润 23100.21万元，同比增长225.43%，归属于上市公司股东的净利润 21647.95 万元，同比增长214.26%；基本每股收益0.2144元，同比增长213.44%。顺利实现扭亏为盈。由于扭亏为盈，自2016年1月28日起雏鹰农牧股价开始大涨，如图12-5雏鹰农牧（002477）日K线图所示。

图12-5 雏鹰农牧（002477）日K线图

对于第二种情况（业绩爆表）需要注意两点：首先，很多公司业绩爆表是因为该公司进行了重大资产重组，而只有上市公司真金白银地赚了钱才有价值。其次，注意业绩披露之前的业绩预告和业绩快报，这个和高送转抢权填权的关系是一样的，如果业绩预告某股业绩爆表导致股价大涨，等于说是透支了业绩披露之后的涨幅，这种情况我们就要注意了。

还是以雏鹰农牧为例，雏鹰农牧于2016年4月22日发布《2015年年度报告》：报告期内，公司实现营业总收入361902.12万元，同比上涨105.43%，实现净利润23010.54万元，同比上涨224.94%。这的确算是业绩爆表，但是从上图可以看出4月22日年报公布之后并没有刺激股价上涨，正是因为在1月28日的时候雏鹰农牧已经公布了业绩快报先行刺激了股价大幅上涨。

第13章　举牌与收购、反收购

中国民间有句古话叫作"神仙打架，小鬼遭殃"，在股市则正好相反，是"神仙打架，小鬼受益"。这里的"打架"指的就是举牌与反收购，某公司连续举牌收购某上市公司股票会推动股价上涨，上市公司为了防止被收购而采取回购股份等一系列反收购策略同样会推动股价上涨，这时候我们这些"小鬼"就受益了。

13.1　举牌

《证券法》规定，投资者持有一个上市公司已发行股份的5%时，应在该事实发生之日起3日内，向国务院证券监督管理机构、证券交易所作出书面报告，通知该上市公司并予以公告，并且履行有关法律规定的义务。业内称之为举牌。

天下熙熙皆为利来，天下攘攘皆为利往。举牌者耗费巨资获得上市公司股权，必然是出于自身利益的考虑。自2015年股灾以来，二级市场上掀起了一阵举牌狂潮，很多举牌方赚得盆满钵满。2016年8月4日晚间，鼎泰新材（002352）发布公告，接到公司持股5%以上股东中科汇通的《减持计划书》，中科汇通称根据自身资金安排需求，拟6个月内减持鼎泰新材不超过2552.957万股，即不超过公司总股本的10.93%。根据公告，中科汇通于2015年7月9日和7月18日两度举牌鼎泰新材，彼时鼎泰新材不过13元左右价格（前复权后），该股最新收盘价39.69元。中科汇通在该股上实现了两倍左右收益。

有盈就有亏，有的甚至亏到破产。广州市创势翔投资有限公司今年两度举牌*欣泰电气（300372）（现已更名为"*欣泰"）。由于该股退市已成定局，举牌方广州市创势翔投资有限公司因受限举牌后6个月内不得减持政策，加上其买入时间是在风险提示后无法获得赔偿，投入资金面临巨大风险。

举牌分两种，一种是投资者看好公司前景而增持；另一种是由于股东之间进行股权争夺，甚至是以收购为目的的举牌。从对股价的刺激上来讲，前者远不如后者。

关于第二种我们来看看恒大地产三度举牌廊坊发展（600149）的例子：恒大地产于2016年7月27日至7月29日通过二级市场增持廊坊发展1898万股，占廊坊发展总股本的4.995%。至此恒大累计持有公司股份超过到10%，触及二次举牌。8月7日晚，廊坊发展发布了《关于股东权益变动的提示性公告》，恒大地产于8月4日在二级市场合计增持廊坊发展股票1900.76万股，占总股本5.00%。此次权益变动完成后，恒大地产持有廊坊发展股份5702.46万股，占总股本15.00%，成为廊坊发展的第一大股东。

如图13-1所示，2016年7月27日廊坊发展收盘价仅为13.51元，而8月8日的收盘价已经达到了22.88元。

图13-1　廊坊发展（600149）日K线图

这样一来，判断举牌是否是由于股东之间的股权争夺就成了我们投资举牌概念股的关键了。我认为第二种举牌主要有两个特点：

（1）连续举牌，并表示有继续增持的能力及意愿。可能不止一位股东增持，股东之间在相互角力。

（2）董事会人员变动。股东之间进行股权争夺，为了争夺更多的话语权，往往伴随着董事会席位争夺。

13.2　收购

收购是指由公司通过其高级管理人员发出收购要约，购买某个目标公司的资产或部分或全部股份以便控制该公司的行为。在对一个企业进行收购时，企业要么同意被收购，要么反对被收购。如果企业同意被收购，这种收购被称为"善意收购"。反之，则被称为"恶意收购"或者"敌意收购"。

在善意收购中，收购公司能够以公道、合理的价格，提供较好的条件收购被收购公司，这种收购主要通过收购公司的董事会与目标公司的董事会之间协商来进行，双方在相互认可满意的基础上，制定出一个收购协议。敌意收购是指某些企业通过事先秘密地收购目标公司分散在外的股票等手段对之形成包围局势，使目标公司不得不接受苛刻的条件将公司出售，从而实现控制权的转移。恶意收购并不是一个贬义的称呼，而是一种纯粹的商业行为，善意收购不会导致反收购的出现，恶意收购则会导致反收购的出现。

13.3　反收购

13.3.1　简述

反收购是目标公司管理层为了防止公司控制权转移而采取的旨在预防或挫败收购者收购公司的行为，反收购的主体是目标公司，反收购的核心在于防止公司控制权转移。

为什么会发生反收购行为呢？原因在于：

第一，目标公司管理层不想丧失管理权。一旦被收购以后，目标公司的管理层将有较大变动，这将危及现任管理者的权力以及待遇。

第二，目标公司管理层坚信公司具有潜在价值。现行股价低估了目标公司的价值。如果以市价收购目标公司的股票，对目标公司很不利。

第三，目标公司管理层希望通过抵制收购来提高对方的出价。目标公司抵制收购行为会延缓收购方的收购步伐，从而让其他有兴趣的公司加入收购竞争的行列，最终提高收购价格。

13.3.2 反收购手段及案例

反收购常用手段包括两类：股票交易手段和管理手段。

1. 股票交易手段

（1）股份回购及死亡换股股份回购

股份回购是指公司按一定程序购回发行或流通在外的本公司股份的行为；是通过大规模买回本公司发行在外的股份来改变资本结构的防御方法。一般回购方是目标公司或其董事、监事。这样做的反收购效果主要表现在两方面：一方面减少在外流通的股份，增加买方收购到足额股份的难度；另一方面还可以提高股价增大收购成本。另外，回购股份还可以增强目标公司中董事、监事的话语权。公司或是用现金购买，或是以债券换股权，或是以优先股换普通股的方式购回其流通在外的股票。

死亡换股即目标公司发行公司债、特别股或其组合以回收其股票。这样起到减少在外流通股份和提升股票价格的作用。但这种防御手段对目标公司有一定危险性，因为其负债比例提高，财务风险增加，即使公司市值不变，权益价值比重也会降低，所以叫作死亡换股。因权益比重降低，股价不见得会随在外流通股份减少而升高。更有甚者，即便股价等比例上涨，但买方收购所需要的股数也相应地减少，最后收购总价款仍变化不大，目标公司可能只是白忙一场。

案例：1984年沃尔玛的股份回购计划；1985年菲利普石油公司动用81亿美元回购本公司8100万股股票；1984年和1994年埃克森石油公司分别动用150亿美元和170亿美元回购本公司股票。

（2）帕克曼防御

帕克曼防御就是当获悉袭击者（收购方）试图启动收购目标公司的计划时，目标公司针锋相对，抢先收购袭击者（收购方）的股票，或策动与目标公司关系密切的友好公司出面收购袭击者（收购方）的股票，从而迫使袭击者（收购方）转入防御，或至少赢得一定的时间以重新制定防御措施。

帕克曼防御的特点是以攻为守，使攻守双方角色颠倒，致对方于被动局面。该策略要求目标公司本身具有较强的资金实力和相当的外部融资能力。并且，该策略是所有策略中风险最高、争夺最为激烈的一种方式。

案例：1988年1月，E-II控股公司出价60亿美元收购美国商标公司，并提出收购后会将美国商标公司解体，同时宣布已持有美国商标公司4.6%的股份。美国商标公司对E-II控股公司的收购作出反应，宣布出价27亿美元收购E-II控股公司，交易获得了成功。在随后的几个月中，美国商标公司将E-II控股公司解体，出售了部分资产，只保留了五六个自己需要的公司。

（3）寻找"白衣骑士"

公司的管理层为阻碍恶意接管的发生，去寻找一家"友好"公司进行合并，而这家"友好"公司被称为"白衣骑士"。一般来说，受到管理层支持的"白衣骑士"的收购行动成功的可能性很大，并且公司的管理者在取得机构投资者的支持下，甚至可以自己成为"白衣骑士"，实行管理层收购。"白衣骑士"并不是天使。为了吸引友好公司来与恶意收购者竞价并最终击退后者，处于被收购威胁中的目标公司通常会与这家友好公司达成一些协议。当然，这些协议都是尽可能地使"白衣骑士"从中获益。

案例：融创中国在2014年5月22日发布公告称，公司将以约为63亿港币的代价收购绿城中国24.313%的股份。收购完成后，融创中国将与九龙仓并列成为绿城中国最大股东。然而收购仅仅半年后，宋卫平就重回绿城中国，并引入"白衣骑士"——中国交通建设集团有限公司（中交集团），最终融创中国被赶走，中交集团成为绿城中国第一大股东。

2. 管理手段

（1）毒丸计划

毒丸计划的官方名称为"股权摊薄反收购措施"，指的是当一个公司一旦遇到恶意收购，尤其是当收购方占有的股份已经达到10%～20%的时候，公司为了保住自己的控股权，就会大量低价增发新股。目的就是让收购方手中的股票占比下降，也就是摊薄股权，同时也增大了收购成本，目的就是让收购方无法达到控股的目标。常见的毒丸计划有负债毒丸计划和人员毒丸计划两种形式：

① 负债毒丸计划。该计划指目标公司在恶意收购威胁下大量增加自身负债，降低企业被收购的吸引力。例如，目标公司发行债券并约定在公司股权发生大规模转移时，债券持有人可要求立刻兑付，从而使收购方在收购后立即面

临巨额现金支出，降低其收购兴趣。

②人员毒丸计划。该计划指的是目标公司全部或绝大部分高级管理人员共同签署协议，在目标公司被以不公平价格收购后，这些人中有一人在收购后将被降职或革职时，全部管理人员将集体辞职。这一策略不仅保护了目标公司股东的利益，而且会使收购方慎重考虑收购后更换管理层对公司带来的巨大影响。公司的管理层越举足轻重，实施这一手段的效果越明显。

毒丸计划一经采用，至少会产生两个效果：其一，对恶意收购方产生威慑作用；其二，对采用该计划的公司有兴趣的收购方会减少。不过上市公司往往对这种手段很慎重，因为它会损害股东的利益。

案例：2005年2月19日盛大（Nasdaq：SNDA）透露，截至2005年2月10日，该公司同控股股东地平线媒体有限公司一起通过公开股票市场交易收购了新浪公司（Nasdaq：SINA）大约19.5%的已发行普通股。2月24日，新浪正式表态，不欢迎通过购买股票的方式控制新浪，同时其管理层抛出毒丸计划，以反击盛大收购。在一般情况下，新浪可以以每份购股权0.001美元或经调整的价格赎回购股权，也可以在某位个人或团体获得新浪10%或以上的普通股以前（或其获得新浪10%或以上普通股的10天之内）终止该购股权计划。最终盛大只能无奈放弃新浪。

（2）焦土战术

焦土战术是目标公司在遇到恶意收购无力还击时，所采用的一种两败俱伤的做法。焦土战术最早起源于战争，某场战役中处于弱势的一方的防御眼看被击破，从战略角度考虑，烧光己方的物资让敌军无法以战养战，最经典的案例就是斯大林格勒保卫战。在并购战中，焦土战术主要有两种方式：

①出售"冠珠"。在并购行当里，一个公司里富有吸引力和具收购价值的部分被称作"冠珠"。它可能是某个子公司、分公司或某个部门，可能是某项资产，可能是一种营业许可或业务，还可能是一种专利权、核心技术或关键人才，更可能是这些项目的组合。冠珠，由于它富有吸引力，从而诱发收购行动，普通收购案例中，收购方看重的往往是一个企业的冠珠，目标公司将冠珠售卖或抵押出去，可以消除收购的诱因，粉碎收购者的初衷。

案例：1982年1月，威梯克公司提出收购波罗斯威克公司49%的股份。

面对收购威胁，波罗斯威克公司将其Crown Jesels（"皇冠之珠"，即最有价值、对收购人最具吸引力的资产）——舍伍德医药工业公司卖给美国家庭用品公司，售价为4.25亿英镑，威梯克公司遂于1982年3月打消了收购企图。

② 虚胖战术。其做法有多种，比如购置大量资产，但该种资产多半与经营无关或盈利能力差，令公司包袱沉重，资产质量下降；或者是故作一些长时间才能见效的投资，使公司在短时间内资产收益率大减。所有这些，使公司从精干变得臃肿，收购之后，买方将不堪其负累；又或者是大量增加公司负债，恶化财务状况，加大经营风险。这如同苗条迷人的姑娘，陡然虚胖起来，原有的魅力消失了，追求者只好望而却步。

（3）"驱鲨剂"

"驱鲨剂"条款是指公司为防御其他公司的敌意收购而采取的一些正式的反接管手段。董事会可以预先召开股东大会，在公司章程中设立一些条款，增加收购者获得公司控制权的难度。这类条款被称为"驱鲨剂"条款。常见的"驱鲨剂"条款主要有：

① 交错选举董事条款。该类条款规定每次股东大会只改选一部分董事（如最多只能改选1/3），每个董事任期三年，而且根据《公司法》，董事会在任期届满前，股东大会不得无故解除其职务。交错选举董事条款可以有效地防止收购方持股占优势时对董事会的"大换血"行动，保持对公司的控制权。

② 董事任职资格条款。该类条款对董事的任职资格作出详细规定，增加收购方提出合适的董事候选人的难度。当然这也是一把双刃剑，同样也增加了现有控股股东的提案难度。

③ 特别决议条款。该类条款规定对公司产生重大影响的决议需要股东大会以特别决议通过。根据《上市公司章程指引》规定，股东大会作出特别决议，应当由出席股东大会的股东（包括股东代理人）所持表决权的2/3以上多数通过。因此收购方的提案如果将"对公司产生重大影响"，就必须以特别决议的方式多数通过，增加了收购方对目标公司的控制难度。

案例：为防范恶意收购，2016年7月16日，雅化集团公告拟对《公司章程》《董事会议事规则》和《股东大会议事规则》等公司制度进行修订，并将提交股东大会审议。7月23日，雅化集团公告了对深交所关注函的回复，并同时对相应条款作了两处调整。雅化集团提出："在发生公司被恶意收购的情况下，如该届董事会任期届满的，继任董事会成员中应至少有三分之二以上的原任董事会成员连任。在发生公司被恶意收购的情况下，董事会聘请的总裁人选，应当具有至少5年以上在公司（包括控股子公司）任职的经历，并具备履行职责相适应的专业胜任能力和知识水平。"

（4）牛卡计划

牛卡计划是一种反恶意收购的计划，是相对于毒丸计划而提出的。牛卡计划是指，公司在招股（IPO）中提供双重级别的普通股，这两种股具有两种级别完全不同的投票权，原始股东具有极大的投票权，包括董事选举和重要的公司交易，如合并或出售公司及公司资产。这个"集权控制"将能阻碍其他人把公司作为潜在的合并者、收购者，或者其他控制权转化的变化。牛卡计划在二十世纪七八十年代在香港曾出现过，从九十年代开始已经十多年没有出现过了，直到百度采取此计划。

案例：百度在IPO中即采用此方式，将上市后的百度股份分为A类、B类股票。将在美国股市新发行股票称作A类股票，在表决权中，每股为1票，而创始人股份为B类股票，即原始股，其表决权为每股为10票。所有在公司上市前股东们持有的股份均为原始股，一旦原始股出售，即从B类股票转为A类股票，其表决权立即下降10倍。

（5）寻求股东支持

寻求股东支持通常有两条途径：

①改善公司经营业绩，或规划光明的前景，赢得股东的信赖和支持；

②公开征集其他股东投票代理权，取得股东大会上的表决权优势。

这个几乎所有收购方和反收购方都会做，就不列举具体案例了。

（6）降落伞策略

降落伞策略能够加大收购成本或增加目标公司的现金支出从而阻碍收购。主要包括"金降落伞""银降落伞"和"锡降落伞"。

金降落伞是指由公司董事及高层管理者与目标公司签订合同规定，当目标公司被并购、接管，其董事及高层管理者被解雇时，可一次性领到巨额解散费、股票选择权收入或额外津贴。该收益就像一把降落伞让高层管理者从职位上安全降落下来，故称金降落伞。

银降落伞是指目标公司被收购时，公司有义务向被解雇的中层管理者支付保证金。

锡降落伞是指如果目标公司的员工被收购两年内被解雇，则可领取员工遣散费。

案例：为防范恶意收购，雅化集团不仅采用了驱鲨剂策略，还采用了金降落伞策略。2016年7月16日，雅化集团公告拟对公司制度进行修订，并将提交股东大会审议。7月23日，雅化集团公告了对深交所关注函的回复，并同时对相应条款作了两处调整。雅化集团的修订内容显示，在发生公司被恶意收购的情况下，任何董事、监事、总裁或其他高级管理人员若无故被提前终止或解除职务，公司应按其在公司任职年限内税前薪酬总额的10倍给付一次性赔偿金。

（7）绿票讹诈

绿票讹诈（Greenmail）由green（美元的俚称）和blackmail（讹诈函）两个词演绎而来，指的是单个或一组投资者大量购买目标公司的股票。出于防止被收购的考虑，目标公司以较高的溢价实施回购（给付赎金），以促使上述股东将股票出售给公司，放弃进一步收购的打算。其主要目的是迫使目标公司溢价回购上述股票（进行讹诈），这种回购对象特定，不适用于其他股东。

案例：美国艾卡因公司在1979年年底以每股25美元的价格收购了翰默麦尔纸业公司10%的股份，逼得后者在不久之后以每股36美元的价格买回艾卡因公司持有的本公司股票，艾卡因公司这一收购行为投资2000万美元，股票被购回后得到了900万美元的利润。

第14章　有故事的女同学

　　"股市"的谐音就是"故事"，股市本身就是一个充满故事的地方。一些讲故事的上市公司在故事讲完前也有了一波不错的涨幅。有时确实是故事引发了市场的积极反应导致股价上涨；有时是股民对毫无理由的上涨找不到解释而联想到故事上；还有时是有人刻意借故事拉抬股价。我们要注意区分各种类型的故事，更重要的是做到趋利避害。

14.1　先来看几个段子

　　我们先看几个段子，再通过案例具体分析。

　　（1）2008年，早在美国总统大选开始前的10月17日—22日，澳柯玛就连续出现了三个涨停。就在奥巴马当选的第二个交易日——11月10日，澳柯玛再次涨停，此后在11月14日、12月8日，澳柯玛又出现了两次涨停。

　　（2）2013年2月，著名歌唱家李双江之子李天一涉嫌轮奸案引起社会舆论的极大关注。在案发后不久的一个交易日，天一科技刚好跌停，一时间"涉案概念股""坑爹股"之说充斥各大论坛和微博。

　　（3）"宝宝心里苦，但宝宝不说"，这句话流行之时，兔宝宝刚好大跌。股民就将其联想到了一起，甚至还有股民抗议兔宝宝可能涉嫌重大信息不公开，因为"宝宝心里苦，但宝宝不说"。

　　（4）2015年12月13日，安信证券等6家券商连夜赶工发研报，所有分析都指向量子通信技术这一来自物理领域的"高大上"概念。一时间，市场开始疯炒量子通信概念。12月22日，停牌近半年的量子高科复牌。按常理，在当年6月高位停牌的量子高科补跌的可能性较大，但是在"量子"＋"高科"这一名字的光环加持下，量子高科当天不但没有补跌，反倒上涨2.4%，盘中甚至一度涨停！但是，量子高科真的和量子通信有关系吗？

事实上两者八竿子打不着。量子高科的主营业务是以低聚果糖为代表的益生元，这是一种有益于肠道营养的食品饮料。

（5）2016年热播的电视剧《欢乐颂》中有这样一个情节：老谭请华尔街精英安迪主持收购红星的事项。"红星"这个名字完全是作者杜撰的，然而A股有家上市公司叫作红星发展，并且正好是只壳股。5月13日、16日、17日这3天，它连续涨停，市值从26.95亿元飙升至35.88亿元，短短三天就为股东们创造出了8.93亿元的纸面富贵。

（6）2016年5月25日，微博上有人发布了一段黄色视频，时长29秒，因为镜头所对方向正好是陆家嘴东方明珠，因此视频又被冠名为"陆家嘴29秒"。视频爆出来之后，有好几家公司因为它火了，比如视频发生地的某某酒店，据了解这家酒店下午已经满员，但这家酒店并不是最赚的，还有更赚的。视频传出以后，最火的不是女主角的身材，而是酒店里的那把椅子。有网友说视频中酒店里的那把椅子是曲美家居公司产的，结果在某天下午，曲美家居尾盘直线拉升，华丽地涨停了！

……

在很多股民心里会讲故事的公司才是好公司。投资者互动交流平台上，经常有股民苦口婆心地劝上市公司搞点概念，炒一下股价，重视市值管理。

"有些故事，明知它不真实，我们却还是愿意相信，因为故事带来的虚假繁荣能让我们赚到钱，我们很聪明，后面会有傻瓜来买单。"

股民这种看法究竟可不可取？这些讲故事的公司会不会扰乱证券市场？这些股市中的故事会不会侵犯小股东权益？这些都不是我想讨论的，也不是讨论就能有所改变的。就目前A股的情况来看，股市中存在一些讲故事的公司会是一种常态。我所关心的是：什么时候的什么样的故事能够刺激股价上涨或下跌？我们如何在故事事件中小心翼翼地获利？接下来请看下面几个案例。

14.2 九阳小米豆浆机事件

2013年11月18日，雷军在微博中说"小米新玩具，即将发布"，还附加了一个圆筒形产品的图片。这条微博顿时引发"米粉"的猜测：台式机？手电筒？路由器？还有"果粉"猜测是豆浆机，能直接从网上下单买豆子，还带有WiFi功能，甚至能接电话。

两天过后，雷军揭秘，这只是一款路由器。面对"果粉"关于豆浆机的猜测，雷军称："如果大家这么喜欢，我们可以考虑做小米豆浆机。"结果豆浆机行业老大九阳公司的老板王旭宁真的跑去小米公司找雷军会谈。11月21日，雷军再发微博："豆浆机行业老大九阳公司的老板王旭宁真的找我合作豆浆机，咋办？我们真的要做豆浆机吗？你要啥功能？我现在满头大汗……"同时转发了一张网友PS过的图，图上写着：慵懒的清晨、加班的深夜一杯浓浓的豆浆给你如家的温暖！全部顶配：骁龙600四核1.7G，2G内存/8G闪存；手机遥控颠覆性的交互方式；WiFi双频蓝牙4.0；深度定制的MIUI V5豆浆版……

从此这条带有调侃加质疑的传言在微博、微信朋友圈上热传。面对求证，小米公司相关人士称："九阳公司老板王旭宁最近的确两次访问小米公司，但是目前双方并没有合作生产豆浆机。"然而九阳方面则已经开始在天猫旗舰店做豆浆机"公测"预告。股民对小米官方回答充耳不闻，一时间九阳新品One Cup就是"九阳小米豆浆机"的谣言被热传。

One Cup借着淘宝双十二活动上市销售，从12月17日公开售卖，使用的名词是"公测"——这也是小米公司发布手机时使用的词汇。同时，这款豆浆机的定价也有学习小米的嫌疑：原价1999元，"公测价"是799元。小米手机的定价就是1999元，而当时最新发布的火爆的红米手机的定价就是799元。越来越多的人开始讨论九阳与小米的合作，随着事件的升温，九阳公司的股价也迎来了一波上涨，如图14-1九阳股份（002242）日K线图所示。

图14-1　九阳股份（002242）日K线图

One Cup这款新品对九阳公司的意义重大，这是九阳公司在产品转型上的一次重大尝试，一只装着大豆粉末的随行杯通过One Cup加工就能成为一杯香喷喷的豆浆。因为过不了几年豆浆机市场就会饱和，所以九阳公司希望能够将原来贩卖机器一次性获利的模式变更为贩卖随行杯这种消耗品的重复性盈利。当大部分人家都有了豆浆机后豆浆机就没了市场，然而如果人们选择了One Cup，九阳公司就能够通过贩卖随行杯这种消耗品而持续获利。因此九阳公司对这件新品特别重视，不惜借势小米进行营销。最后的事实证明九阳公司的这种产品转型失败了，失败的原因在于One Cup模仿的是绿山咖啡的K杯系统。咖啡和豆浆有一个重大区别，即咖啡具有很高的品牌忠诚度，比如海南咖啡和古巴咖啡味道就是不一样。你见过有人给豆浆分类吗？

尽管九阳的One Cup销售不如预期，但九阳方面显然享受到了借势营销带来的好处，于是故技重施。2014年1月10日上市的九阳豆浆机新品名为"小米浆"，这款豆浆机不仅外形和之前网友PS的类似，连广告都在尽力和小米沾边。"小米浆，1月10日，为年轻人而生，前1000名预定送4G内存。"很容易让人联想到小米的广告"为发烧而生"。另外，买个豆浆机不送杯子不送碗，送4G内存，这不是在故意让人浮想联翩吗？总之"小米浆"的上市又引发了九阳股份股价的进一步上涨。观察图14-1可以发现该股股价在2013年年末和2014年年初大势较弱的情况下走出了翻倍行情。

14.3　贵州百灵购买降糖药祖传秘方

2013年4月16日，苗药龙头企业贵州百灵发布了一则令市场哗然的公告。贵州百灵称，公司将与苗医杨国顺等人合作开发后者祖传治疗糖尿病的苗药秘方。"公司有随时一次性买断杨国顺所持秘方的权利，"贵州百灵称，"买断金额最高不超过1亿元。"该公告发出后，贵州百灵便告涨停。

贵州百灵公告称，鉴于杨国顺、杨爱龙拥有祖传治疗糖尿病苗药秘方（以下简称秘方），经过杨国顺、杨爱龙多年医治实践，该秘方能较好地控制血糖，且部分患者停药后血糖仍然维持稳定。贵州百灵经走访部分用药患者，确认该秘方对糖尿病具有明显的治疗效果。双方达成协议，杨国顺、杨爱龙自愿与贵州百灵合作，贵州百灵将联合国内知名的专家及院所进行临床前的药效学、毒理学、药学等项目研究，并根据研究结果申报国家行政部门审批注册新药。在开展临床前研究同期，贵州百灵可以投资或联合第三方在全国范围内开设糖尿病专科医院或专科门诊，以医院制剂形式生产、销售该秘方成药。

贵州百灵这一系列动作可以视为炒作，借此来推高股价。在此之前，重庆啤酒就曾因收购佳辰生物成为"乙肝疫苗"概念股，股价数年间一路上涨，但最终该疫苗被证实无显著疗效，导致重庆啤酒连续走出10个跌停板。此外，沃华医药也曾研制出治疗中风的通络化痰胶囊，并号称该药"具备销售过亿元的潜力"，但最终该产品对公司财务的贡献也是微乎其微。

如图14-2所示，贵州百灵（002424）的股价从2013年4月16日之后开始上涨，但是在2013年6月3日之后就开始快速下跌，4月16日之后上涨是因为炒作收购降糖药秘方的概念，那么6月3日之后的快速下跌是因为什么呢？接着往下看。

图14-2 贵州百灵（002424）日K线图

后来，媒体调查发现，贵州百灵实际控制人姜伟，早在2012年便已通过他人代持的方式获得了此专利。而贵州百灵却于2013年4月才发布公告。那么为什么特意选择这个时间点讲这样一个故事呢？回顾贵州百灵限售股解禁日期，另一个事实浮出了水面。

如图14-3贵州百灵解禁历史一览所示，2013年6月3日贵州百灵面临大股东3.52亿股解禁，以2013年4月19日16.58元收盘价计算，解禁市值将达到58.36亿元。贵州百灵选择在这个时间才发布公告很有可能是为了推高股价，使得在非流通股限售解禁后大股东能够在高位减持。

┌ 贵州百灵（002424）解禁历史一览　　个股解禁数据：[输代码、名称或拼音] [查询]

解禁日期：2013-06-03					
序号	股东名称	解除限售日期	新增可上市股份（万）	限售股类型	信息来源
1	姜勇	2013-06-03	5199.04	首发新股限售股解禁	实施
2	张锦芬	2013-06-03	5199.04	首发新股限售股解禁	实施
3	姜伟	2013-06-03	24801.92	首发新股限售股解禁	实施
总计			本次解禁股东 3 家，共 35,200 万股		

图14-3　贵州百灵解禁历史一览

14.4　多伦股份改名匹凸匹

2015年5月10日晚间，多伦股份发布了一则更名公告。多伦股份公告称，要做中国首家互联网金融上市公司，为此拟将名称变更为"匹凸匹金融信息服务股份有限公司"。此外，该公司还同时更改了章程，拟变更业务经营范围，将从旧有的主业转向从事互联网金融信息服务、金融软件研发和维护、金融中介等业务。

"匹凸匹"取自"P2P"的谐音。多伦股份的主营业务集中于房地产开发经营以及建筑材料的售卖等，与互联网金融、P2P等领域并无关联。5月14日下午，多伦股份在线投资者交流会上，执行董事李艳回应说："公司改名是基于转型互联网金融业务的需要，为使公司名称能够体现业务需要而做出的决定。"

多伦股份的更名行为，从一开始就受到上交所的关注。在5月10日发布更名信息之后，第二天该公司就收到了上交所的问询函件，要求对更名和转型事项进行更详细的信息披露。当日，多伦股份"闪电回复"。针对问询，公司承认此番转型并无正式业务、也无人员配备和可行性论证，甚至连经营范围变更都尚未获得工商部门审批，只处于设想之中。

5月12日，多伦股份再度收到上交所的问询函件。这一次，上交所明确提出多项条款，要求公司要核查大股东信息披露、6个月内董监高的股票交易以及对公司现金股价估值是否过高做出说明；同时，上交所"勒令"公司在5月

13日后停牌自查。

虽然多伦股份的更名很奇葩，并且主营业务转型也不是很靠谱，但是这个时间却在二级市场上受到"热捧"。自5月11日起连续收获了6个涨停板，涨势惊人，如图14-4匹凸匹（600696）日K线图所示。

图14-4　匹凸匹（600696）日K线图

一家公司，"立志于做中国首家互联网金融上市公司"，改了一个前无古人的名字，虽然拟实施的转型无可行性论证，无相应的人员配备，也尚未正式开展业务，拟变更的名称与目前公司的主营业务并无直接关联，但就是靠着这闪亮的名字，就已经迈上了互联网金融的旅程。

多伦股份只是改个名就能获得这么大的涨幅主要有这些原因：

（1）虽然转型尚无可行性论证，但鸡蛋总比母鸡更有想象空间。

（2）散户驱动的市场特征。在这样的市场里，识别性比基本面更重要。普通股民未必了解公司基本面，但是强悍的名字能让股民知道这个公司是干吗的。

（3）成功聚焦。谁都知道产业转型的成功概率极低，但市场需要的不是常识，而是聚焦，用名字的变换就可以实现一呼百应的聚焦。

14.5　如何投资讲故事的上市公司

我在本书的第1章就说过，价格波动是由供求引起的，而供求受到人心影响，人心被消息左右。所以哪怕上市公司只是讲了个故事，只要这个故事足够动听，能够引起股民的买入欲望，并且愿意把这种欲望转化为实践就能够引起股价的上涨。

投资这种"有故事的女同学"说得好听点叫作"炒概念""紧随事件驱动"，说得难听点就是"投机倒把的跟着弄虚作假的喝汤"。那么，我们是不是就不该投资这种讲故事的公司？不是。A股有这些讲故事的公司对我国证券市场发展固然不好。然而，这么多年很多人提过、说过、争论过，结果改变并不明显。我相信终有一天我国的证券市场会变得规范、透明、公平，但不是目前。我不会愤世嫉俗地站在所谓的道德制高点去指责这些公司讲故事拉抬股价的做法破坏证券市场公平；也不会像"吃着地沟油的命，操着中南海的心"那样去讨论中国证券市场该怎样变得更好。不同的证券市场就好像不同的土壤，只要有土壤就会有花。虽然种类不同，但可以开得同样惊艳。"适者生存"，我们不评价土壤，我们讨论生存之道！

下面我们来看看如何通过投资"有故事的女同学"，请读者们看看表14-1三个股市故事的汇总表：

表14-1　三个股市故事的汇总表

	九阳股份	贵州百灵	多伦股份
市场环境	平淡市	平淡市	牛市
故事	九阳和小米要联合开发豆浆机	夸大秘方效用，声称"具备销售过亿元的潜力"；选在限售股解禁前发公告	改名"匹凸匹"，声称要做中国首家互联网金融上市公司
主要目的	借势营销；增加新产品知名度	方便限售股解禁后股东高位抛售股票	借势P2P，炒高股价
股价	上涨，风过后下跌	上涨，风过后下跌	上涨，风过后下跌

结合表14-1我们来对投资讲故事的上市公司做一个总结：

1. 分故事类型投资：

（1）夸大型：典型的有贵州百灵的降糖药和重庆啤酒的乙肝疫苗。这种故事就是给予股民高预期从而引起股民的买入欲望，导致股价上涨；往往事实公布后，现实结果都远不如预期，这时股价就会下跌。就好像英语考试结束韩美美跟妈妈说："我这次能考100分"，韩美美的妈妈给了她一个吻。结果等到成绩公布，妈妈发现韩美美的成绩只有70分，立马给了她一巴掌。

所有的讲故事的股票在故事热度过去后股价都会下跌，不过讲夸大型故事的股票会有一个明显的趋势分界点。（拿韩美美的例子来说这个点就是出成绩的时刻）重庆啤酒曾经宣布研制的乙肝疫苗疗效极佳，股价大幅上涨，然而2011年年底宣布其乙肝疫苗揭盲数据的试验结果大幅低于预期之后，该股立刻迎来10个跌停板。那么该如何投资讲夸大型故事的股票？上小学的时候，每次期末考试结束妈妈问我考得如何时，我都会跟她说"非常好！"然后我会在成绩单发下来之前这段时间尽情玩耍，等到领成绩单前一天，我就收拾行李去姥姥家了。

（2）追风型：典型的有匹凸匹、金飞达、乐视网、暴风科技。因为牛市的时候很多概念会被热炒，很多上市公司看着眼红就想使自己的公司和这些概念沾上边，来达到站上风口的目的。然而这些公司本身并不具备转型的基础，甚至只是公布了转型的意愿，如多伦股份。我说的追风型故事并不包括那些真正打算转型的公司，而是指那些千方百计想要和热门概念搭上边的公司。比如，2013年10月手游概念勃兴的时候，江苏服装企业金飞达在招聘网站发布了消息，招聘手游、互联网彩票等多个热门领域的人才。随后发布公告称："有意向移动互联网领域转型升级。"仅凭一则招聘启事和公告，金飞达股价在单个交易日内上涨了17%。这类故事正应了雷军的那句话"站在风口，猪都会飞"，当风头正盛时我们不妨随风而动，当风渐去时要立马收手，毕竟风过后，摔得最惨的也是猪。

（3）借势型：典型的有九阳公司借力小米公司和时代传媒打造"中国版Facebook"。上市公司通过一些事件将自身与明星企业挂钩，使得股民产生一系列遐想，再经过舆论的宣传，股价应声上涨。

借势型故事也分两种，一种是自导自演，一厢情愿；一种是机缘巧合，顺水推舟。何谓自导自演，一厢情愿？我对朋友们吹牛自称我是吴晓波先生的关门弟子，还拿出了吴晓波签名售书时排队得来的书作为证明。何谓机缘巧合，顺水推舟？某一天我遇见吴晓波先生，互相打了个招呼。身边的朋友好奇地问我："你们是熟人？"这时候如果我说一句："他叫吴晓波，我叫吴晓峰，你说我俩什么关系？"想必能引起他的遐想。时代传媒欲打造"中国版的Facebook"就属于第一种，九阳借势小米营销就属于第二种。一般来说第二种比第一种给股民带来的心理预期更高，股价的涨幅也更大。

2. 分市场环境投资：

（1）熊市：坚决不投资讲故事的公司。

（2）牛市：大胆投资，注意卖点。

关于贵州百灵的那个故事其实还没讲完，在2013年6月3日非流通股限售解禁后，股价立马大幅下跌。然而之后贵州百灵又发了一系列关于降糖药的公告，一开始市场反应平平，然而等到2015年牛市的时候，贵州百灵迎来暴涨，最高时股价达到112.97元/股。故事能够激起股价上涨，来源于有三部分资金买入该股票：信了故事的股民会买入；想要拉抬股价的主力会建仓；不相信故事但是想要跟风获利的股民会买入。

牛市的时候市场投机氛围强烈，所以第三种买入资金会比平淡市多很多。很多股民能够判断出这些故事不切实际，但他们相信会有更傻的人在自己之后买入，所以他们也会加入投机。但是这部分流入资金多了，就会使得股市的流动性风险加剧。也就是说，这种股的股东长期持有的和锁仓的很少，多是些投机分子，等到趋势改变，股价立马会疯狂下跌。所以牛市的时候投资讲故事的股票主要注意卖点。

（3）平淡市：谨慎投资，注意两个标准。

①上市公司质地如何？

在上面的例子中，在平淡市讲故事的九阳股份质地优良，而牛市的时候讲故事的多伦股份基本面却比较差劲。牛市的时候鸡犬升天，所以不需要考虑基本面，而在平淡市的时候投资讲故事的公司要选择质地较优良的上市公司，这么做是为了能进能退。哪怕故事讲砸了，由于有良好基本面的支撑股价，不至于像那些垃圾股一样泥沙俱下。

②近期有没有非流通股限售解禁？

如果你发现某家讲故事的公司在不久之后有一批非流通股将要限售解禁，这时你可以大胆投资，并持有到解禁日之前。因为很有可能这些公司讲故事为的就是刺激股价上涨，来方便大股东在高位减持，贵州百灵就是个典型的例子。

第15章　表面上的美好

有一个刚入行的股票经纪人问前辈："怎样才能让更多的投资者买某只股票？"前辈没有正面回答他的问题，而是拿了一些烂水果问他："你打算怎样把这些烂水果卖出去？"新人想了半天说："按照市场价打折处理掉。"这位前辈立刻把头摇得像拨浪鼓一样，然后拿起一把水果刀，那烂水果去皮切块，弄了个漂亮的水果拼盘："这样，按照几十倍的价格卖掉。"

你看着那些光鲜亮丽的果盘，以为用的都是新鲜水果，你迫不及待地掏出钱包买单。等尝到嘴里才发现买的是烂水果，最后只能无可奈何地骂一句"奸商"。我们所说的很多股市新闻也是这样，看到某条新闻时你觉得它一定会刺激股价大涨，迫不及待地买入，结果并未如你所想，甚至和你想的相反。仔细想想，这和你买到烂水果做的果盘不是一个道理吗？如果你在付账之前仔细看看水果，如果你在挂单之前深入解读一下新闻，这种状况不就会少很多吗？下面来看几个因为股民没有深入解读消息而犯错的案例。

15.1　高管增持100股

上市公司高管拥有公司的第一手资料，最为了解公司，并且高管增持的公司，大部分业绩一般或股价低迷，但这恰恰是投资的逻辑所在，投资不就是在公司低迷困境时便宜买入，在人声鼎沸时卖出的过程嘛。高管增持提供了一些投资的线索：一方面，可能是公司下一步有啥不为人知的大动作，正所谓"无利不起早"；另一方面，可能是股东、管理层预计到公司未来的业绩会有所改善，期待业绩和估值双击带来的利益。对于高管增持，我们只要善于分析研究、辨别利用，其中的大机会不言而喻。但是如果股民发现高管增持的股票便立马买进，可能会犯一些错误。

15.1.1 增持潮下的"一手哥"

2015年股灾之后，证监会要求6个月内，上市公司控股股东及持股5%以上的股东（合称为大股东）及董事、监事、高级管理人员不得通过二级市场减持本公司股份。上述增持措施，相当于要求上市公司必须从"大股东增持、回购股票、董监高增持、股权激励、员工持股计划"这五项措施中选择一个，为维护股价送上利好。证监会新闻发言人邓舸还提到，该项措施得到了上市公司及大股东的积极响应，截至2015年7月9日，沪深两市已有655家公司公告了股份增持、回购计划，积极维护公司股价稳定。

2015年7月10日，又一则维稳股市的策略出炉。证监会在当天的例行发布会上表示，近期A股市场出现非理性下跌，为维护资本市场稳定，保护广大投资者权益，已要求所有上市公司立即结合公司实际情况，制定维护公司股价稳定的具体方案，包括但不限于采取如下措施：大股东增持、董监高增持、公司回购股份、员工持股计划、股权激励等，相关方案应尽快予以披露并向投资者说明维护公司股价稳定的具体方案，坚定投资者信心。

来自WIND的统计数据，7月份以来在监管部门的强力干预下，两市罕见地出现了净增持。2015年7月份以来，两市共有382家公司发生了关键股东（大股东、董监高以及持股比例在5%以上的股东）的净增持，合计净增持金额达到了257亿元。

然而，西藏发展、苏常柴A、正海磁材、冀凯股份、中联电气、美晨科技这6家公司有高管或个人仅增持了100股。苏常柴A一位董事的亲属在7月8日增持100股，涉及金额约765元；7月9日，西藏发展一位董事增持100股，均价9.58元/股，涉及金额约958元。在一周以前，西藏发展另外一名董事马高翔以16.99元/股的价格买入200股，花费3398元。

同时，仅仅增持300股、500股的上市公司高管也不少。根据梅雁吉祥的公告，该公司监事计划增持公司股票300股以上。按照7月8日梅雁吉祥的收盘价3.32元/股计算，这位监事的增持总额约为996元。增持金额之少，也遭到投资者的吐槽。此外，数据显示，长春高新监事李茜仅增持了400股；中航动控高管张姿也增持了400股；时代万恒高管罗卫明增持了200股；中航三鑫高管侯志坚、王霞各增持500股，高管姚婧增持了800股，还有两位高管各增持1000股；蓝鼎控股有两位高管各增持600股；方兴科技有两位高管各增持800股。

如果当时有股民买入这些股票，那么他铁定被套了。相比上市公司高管掏出真金白银来增持，只增持十手甚至一手的上市公司还不如不增持。如此少的增持金额都不如散户，高管都对公司没有信心，股价怎么可能涨得上去。

15.1.2　合康变频连续高管减持后增持100股

一个朋友在2016年7月15日买入了合康变频（300048）。他在7月14日的时候得知合康变频高管增持的信息，同时见该股前期走势很好便买入了。然而没两天他就抛售了，问他为何，他只是淡淡地说了一句："世间真情何处寻，总被套路迷人心啊。"

原来我的这位朋友看见增持就建仓，过了几天查看个股资料和近期重要事件才发现高管只增持了100股，于是匆匆忙忙地抛售。应该说幸亏他发现得及时，如果查看高管持股变动详细情况就会发现，其实那段时间高管一直在拼命减持，如图15-1合康变频近期高管持股变动图所示。

变动日期	变动人	与公司高管关系	变动数量（股）	交易均价（元）	剩余股数（股）	股份变动途径
2016.07.14	刘文新	董事刘锦成兄弟姐妹 ↑	增持100	11.64		竞价交易
2016.06.29	刘锦成	董事 ↓	减持2500000	10.80	40260000	大宗交易
2016.06.29	叶进吾	董事、高管 ↓	减持160000	12.45	7710000	竞价交易
2016.06.29	叶进吾	董事、高管 ↓	减持1880000	11.70	7710000	大宗交易
2016.06.23	刘锦成	董事 ↓	减持2000000	11.46	42760000	大宗交易

图15-1　合康变频近期高管持股变动图

结合图15-2合康变频（300048）日K线图来看，合康变频高管减持集中在股价大幅上涨后，而6月29日之后股价也不再继续之前的涨势。高管集中减持说明公司的管理人员对股价的后市走势都不再看好，这时候，如果知道这一点怎么可能因为100股的增持就买入呢。增持100股的行为或许是想诱惑一下那些不深入解读的股民，又或许只是带着某种调戏意味的行为。

图15-2 合康变频（300048）日K线图

15.2 2015年的四起虚假信息案

（1）在编造、传播"湖南发展收购财富证券"虚假信息案中，长沙某银行部门负责人王某利用他人账户于2015年4月20日、22日共计买入湖南发展6万股后，于22日晚使用"云像一片云"账号，在东方财富网股吧编造发布"湖南发展有可能募资收购财富证券"的虚假信息。此后3个交易日，湖南发展股价上涨26.3%，湖南发展于24日、26日分别发布澄清公告。王某于2015年5月11日、19日卖出上述湖南发展股票，获利131132.5元。

（2）在编造、传播"冯鑫（暴风科技董事长）图谋收购迅雷科技"虚假信息案中，湖北通城刘某于2015年5月19日买入暴风科技400股（交易金额约10.8万元）后，当天使用"love9413"账号在东方财富网股吧编造发布"冯鑫（暴风科技董事长）图谋收购迅雷科技"的虚假信息。暴风科技当天及次日股价涨停。5月21日，刘某卖出其持有的暴风科技股票，获利约8400元，暴风科技同日公开澄清后，股价下跌6.92%。

（3）经证监会调查，在编造、传播"东莞证券风险预警"虚假信息案中，济南某报社记者刘某为宣泄炒股亏损情绪，于2015年6月2日使用"夏至星"账号在东方财富网股吧编造发布名为"东莞证券针对5000万VIP的风险预警"的虚假信息："通知客户：周四之前，把所有仓位调整到半仓以下，能空仓就空仓，预计周四、周五出重大利空。"6月3日，东莞证券发布澄清公告。6月4日大盘走势下跌后，刘某仍多次跟帖坚称其所发消息属实，严重扰乱市场秩序。

（4）在编造、传播"剑南春借壳金宇车城"虚假信息案中，在金宇车城董事长胡某的指使下，公司董秘罗某安排原员工唐某于2015年4月24日、5月4日和5月17日，使用"冷眼看市888"账号在东方财富网股吧编造发布"金宇车城股权之争引发重大资产重组""剑南春借壳金宇车城可能已经谈妥"等虚假信息。5月19日，金宇车城针对上述消息专门发布澄清公告，当日公司股价下跌4.41%。

近年来，金融消费类纠纷案件数量呈增长趋势，主要原因在于，与传统消费领域相比，金融产品及服务专业性强，而投资人相关知识匮乏。中国股市谣言盛行并非偶然，资本市场作为一个信息密集型、资金密集型和诚信密集型的市场，有关市场信息的各类消息都会对行情造成影响，在社交媒体高度发达的今天，制造出一则这样的传言几乎毫无成本，但杀伤力却巨大。因此对于网络传言不要轻信，一定要通过正规新闻报道和上市公司公告确认是否确有其事，以免上当受骗。

15.3   *欣泰的伪新股申购

欣泰电气因IPO造假成了创业板第一个退市股，而且根据证监会的决定，欣泰电气退市后无法再恢复上市。这和之前的退市长油、退市国恒、退市博元完全不同。2016年7月12日，欣泰电气改名为*欣泰（300372），并复牌交易，股价开盘一字跌停。截至当日收盘，*欣泰维持一字跌停，报13.10元/股，成交4008万元，封单近46万手。

然而，该股12日全天成交额将近4008万元，换手率超过3%，这让很多投资者感到不解。深交所在12日午间提示提醒投资者特别关注该股票投资风险。值得注意的是，当日市场传言有申万宏源（000166）客户收到诈骗短信，建议申购新股"300372"，实为即将退市的欣泰电气。申万宏源随后发布澄清声明称，有人冒用申万宏源证券公司名义发布有关欣泰电气新股申购虚假信息。

深圳东方港湾董事长但斌在7月12日午间对此评论：即将退市的*欣泰居

然到现在已成交2600万，大A股真的有点看不懂……听说今天有人收到短信称有新股申购，代码"300372"，实为即将退市的欣泰电气，而且已经有人中招，如果是真的就涉嫌犯罪了！公安应该介入！在当天股票交易软件的股评区域也有很多上了当的股民发表评论表示不满，如图15-3所示。

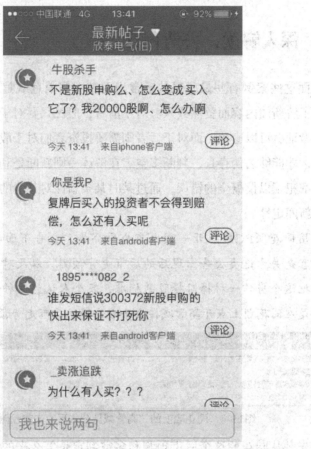

图15-3　2016年7月12日部分股民在"欣泰电子"股评区域的评论

　　对于上述情况，*欣泰12日晚间公告称，公司于2016年7月12日收到投资者咨询，其手机收到短信称当日可申购新股，代码"300372"，是否属实。公司对此特别澄清：300372为公司股票代码，而非新股申购代码，请投资者注意投资风险。公司股票将于2016年7月13日上午停牌半天，下午复牌。那么那些被骗买入的人结果怎么样了呢？截至2016年7月26日，*欣泰收获了11个跌停板。

当日我看到这条新闻和论股平台里那么多人哭诉被骗其实很惊讶，没想到真的有人中招。虽说发短信的人可以误导，但是股民应该不会犯这种错误才对。只能说很多股民对股市新闻太不关注，连欣泰电气退市这么大的事都不知道，同时对待消息来源和正确性不加以考证便信以为真。

15.4 深入解读，去伪存真

上面这些案例有些是股民缺乏常识而被虚假消息欺骗，还有的是股民没有深入了解新闻内容而贸然买入。对于前者，股民只要对于非官方发布的消息多一些考证就可以避免，而对于后者则需要投资者们对于股市新闻进行较深入的解读，才能够去伪存真，判断多空。在解读一则新闻是利好还是利空上，大多数人都犯了以偏概全的错误，通过某时某条新闻对某股的股价刺激而贸然给这一类新闻定性。

运用同花顺PC版点开一则上市公司公告，公告下面都会出现一个小窗口，内容是关于这类公告出现后的后市走势预测，以及对多空的判定。有些人也会把这个当作一种择时择股的标准，我个人认为这种做法很不可取。图15-4便是在同花顺上点开高管减持公告后出现的后市走势预测。

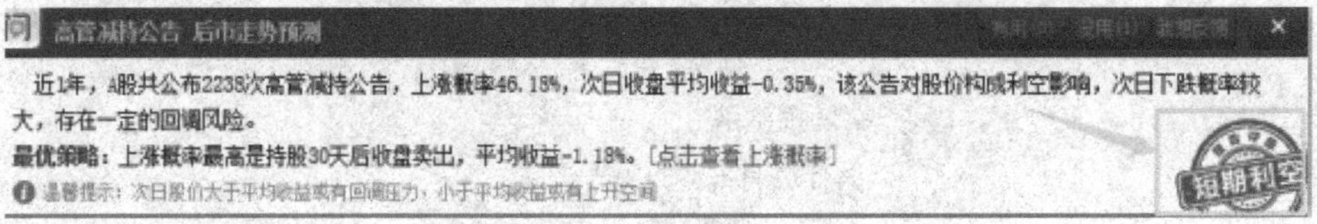

图15-4 同花顺上的"高管减持公告后市走势预测"

首先，从同花顺这个后市预测和多空判定是怎么来的说起。它是由数据库中"近一年相关公告公布后后一天的股价涨跌"运用统计学和概率论得来的。看起来很有科学依据，实际上毫无作用。为什么呢？打个比方说明。上学的时候，我的英语成绩特别差，到后来我甚至放弃了通过提高英语水平来提高成绩。但是还得高考啊，于是我想能不能通过其他方法来提高成绩，我当初想到的就是统计学和概率论。我拼命去寻找题目和答案的联系，比如以50道"Where"开头的题目为样本，统计答案是A、B、C、D的各有多少题，得出选哪个的概率高。结果如何呢？高三一整年我的英语就及格过两次。

  并不是说同一类型的公告就同属于利好或利空，实际情况也有很多不同。高管增持5万股算利好，那如果高管增持100股还算利好吗？多名高管辞职对一般公司算利空，那对于壳公司还算是利空吗？其次，哪怕我们判断出了是利好还是利空也不能贸然行事，而应结合市场环境、量、价、时分析。我在第二章就说了，利空不意味着股价跌，利好不意味着股价涨。

  只要对新闻和公告的了解更深入一点，我们就能够去伪存真，不被那些"表面上的美好"迷惑。

第16章　生活无处不新闻

人生在世，无时无刻不在接收着消息，这些消息不一定是新闻，也可能是花开了、天热了、米贵了这些生活中稀松平常的小事。人们生活在同一片大地，体会着相同的春夏秋冬，经历着相似的家长里短。因此，如果秋风吹过了你，那么它也必定吹过了其他人。然而当秋风吹过时，有人想起了收获，有人仅仅在享受那一阵凉爽。

16.1　炒股要读懂生活

"炒股要读懂生活。"这句话有两层含义：第一层是指股票是人与人的游戏，读懂生活你就能读懂人心与人性；第二层是指你在生活中接触的很多信息源其实都能够告诉你投资机会在哪。

16.1.1　股票是人与人的游戏

TVB曾出品过一部名为《大时代》的电视剧，该剧以20世纪60年代至90年代的香港股票市场为背景讲述了一段爱恨情仇，被很多股民视作启蒙作品。尽管该剧涉及的专业知识较少，但是该剧中一些富有哲理的话可谓一语中的，发人深省。该剧中有这样一个场景：方展博的师父叶天问他："股票是什么？"博："投资。"叶："错。"博："投机。"叶："错。"博："赌博。"叶："错。"叶："股票是人与人的游戏。"

我们经常发现这样的现象：有的人看了很多炒股的书，却依然炒不好股票；有的人只了解基本规则就能把股票炒得很好。这是因为股票是人与人的游戏，股价的涨跌永远与人心和人性有关。一个优秀的投资者未必拥有高智商和高学历，却必然对于人心与人性有着深入的见解。那么，一个人对人心和人性的见解从何而来？自然是来自这百味杂陈、形形色色的生活。

股市的游戏是人与人的游戏；股市的喧嚣是人心的喧嚣；股市的复杂是

人性的复杂；股市的成功是不为心动，不随性行。

16.1.2 留心生活的"投资提示"

我们每天做着形形色色的事，遇见形形色色的人，同时也在接收着形形色色的信息。很多信息其实意味着一次重大的投资机会，只是因为我们并没有往那方面联想而错过了。

当你某天去超市，发现超市某个货架突然被某种食品占据，制造这种食品的公司恰好是上市公司，这样的公司值不值得我们关注？

当你看电视的时候忽然发现某种新兴产品的广告非常多，制造这种产品的公司恰好是上市公司，这样的公司值不值得我们关注？

当你发现本地的房价急剧上涨，本地的房地产上市公司值不值得我们关注？

当你发现突然间身边去电影院看电影的人多了起来，而很多广受好评的电影都是出自同一家上市公司，这样的公司值不值得我们关注？

人们生活在同一片大地，体会着相同的春夏秋冬，经历着相似的家长里短。因此，如果秋风吹过了你，那么它也必定吹过了其他人。然而当秋风吹过时，有人想起了收获，有人仅仅在享受那一阵凉爽。当机会迎面而来，我们一脸茫然，傻傻分不清楚；当机会随风而去，我们后知后觉，已经来不及把握。我们要学会解读这些生活中的"提示"：见一花开而知春将至，方能嗅满园芬芳；见一叶落而知秋意浓，方能得一秋丰收。

16.2 百视通与机顶盒

2012年的时候家里的电视机配了一个机顶盒，那时候叫作宽带电视。这玩意在那时候还比较新鲜，来我家的客人都会询问一番，并表示想给自己家的电视机也配一台。当时我就特意去百度了一下"百视通"，惊喜地发现这是一家上市公司。

百度百科显示：百视通公司（BesTV）是国内领先的IPTV新媒体视听业务运营商、服务商，由上海文广新闻传媒集团（SMG）和清华同方股份公司合资组建。BesTV依托SMG，拥有强大的视听内容创意与生产、交互产品研发与应用、新媒体管理与运营的综合优势；同时，BesTV在网络电视（IPTV）技术方面与微软、Cisco等国际公司合作，拥有业界领先的运营管理平台。BesTV在中国IPTV产业中处于领先地位，国际媒体评价BesTV为全球最著名的IPTV产业品牌之一。

从那以后我就经常留意IPTV行业的发展，这个行业究竟只是昙花一现还是会如日中天，尚未可知。等到2012年年底的时候我经常去亲戚朋友家串门，发现很多亲戚朋友的家里也都装了百视通的机顶盒。我意识到，这不仅仅是一件产品的走俏，也将是一个行业的兴起。（近两年小米盒子、天猫盒子、爱奇艺盒子、乐视盒子、百度盒子等机顶盒层出不穷，正证明了我的判断。）而我作出这种判断没有看过任何一篇研报，没有去任何一家上市公司调研。一切依据仅源自我在生活中见到的那些百视通机顶盒。

作出这些判断后，我认定百视通便是我寻找已久的成长股。由于我打算长期投资，便没有计较短期价位，当即买入。如图16-1所示，百视通的股价在2012年12月的时候仅仅在13元左右徘徊，而在2013年9月的时候股价高点已经达到了52.76元，并且当时的整个证券市场并不是处于牛市之中。

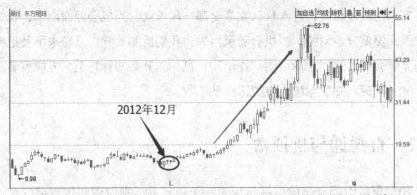

图16-1　东方明珠（2014年10月百视通吸收合并东方明珠后改名）周K线图

16.3　百润股份与RIO鸡尾酒

2014年下半年的某一天，我莫名其妙地发现身边的很多朋友不再像我一样喝三元钱一瓶的可口可乐，而是开始喝十几元的RIO鸡尾酒（以下简称RIO）。同时，逛超市的时候可以发现RIO在超市专柜占有非常大的面积。这种饮料到底是怎么火的我不清楚，但它确实火了，这就够了，这就意味着机会。当时我就想了解RIO是不是某家上市公司的产品，经查询知道生产RIO的上海巴克斯酒业有限公司并不是上市公司（以下简称巴克斯酒业），就没继续留意。

如今回顾，后知后觉的我才发现：RIO是巴克斯酒业旗下品牌，巴克斯酒业原是百润股份的子公司。2009年，百润股份以仅100元的价格将巴克斯酒业转让给了公司实控人刘晓东等人。2014年，巴克斯酒业成为预调酒行业的龙头。同年9月，百润股份欲通过定向发行股票的方式收购巴克斯酒业100%的股权。当时百润股份给出的评估价为56.65亿元，而巴克斯酒业净资产为2.46亿元（截至2014年6月30日）。到2015年4月13日，百润股份调低了对巴克斯酒业的评估价和交易价格。RIO的生产公司巴克斯酒业的资产重新注入了百润股份。

如图16-2百润股份（002568）周K线图所示，2014年9月的时候百润股份股价不到40元，而在2015年5月股价高点达到了182元。这和牛市有很大的关系，但是更重要的是RIO给百润股份带来了重大的炒作概念。而观察牛市之后，我们可以发现，百润股份的股价泥沙俱下，竟然没有一次像样的反弹。这和之后RIO不再被看好有很大的关系。等到2015年下半年的时候你还会发现身

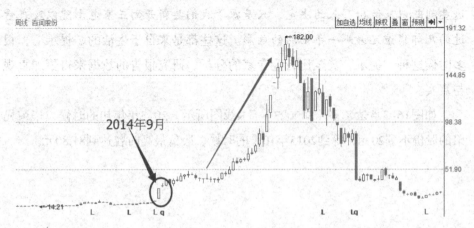

图16-2　百润股份（002568）周K线图

边有很多人在喝RIO吗？RIO刚出现时迎合了年轻人喜欢新鲜事物的心理，然而新鲜过后终究没能像可口可乐一样成为经典。

16.4 华谊兄弟与影片、影院

我家在安徽省黄山市的一个小县城，我们县原本一家电影院也没有，然而在2013年的时候，三家电影院开张了。也是在这一年，我忽然发现身边越来越多的人在闲来无事的时候喜欢去电影院看电影打发时间。我在这一年也看了一些国产电影，给我留下较深印象的有三部：《十二生肖》《西游降魔篇》和《狄仁杰之神都龙王》。这三部影片有一个共同的特点，即它们都是由华谊兄弟出品的。

在3月份看完《西游降魔篇》之后我就买入了华谊兄弟。这样做是因为我相信2013年一定会是电影行业快速发展的一年，我也相信华谊兄弟这一年的业绩一定很出彩。后来证明确实如此，2014年3月26日发布的《华谊兄弟传媒股份有限公司2013年度报告》显示：2013年全年华谊兄弟实现净利润6.65亿元，同比增长172%。年报还显示，2013年华谊兄弟实现营业收入20.14亿元，同比增长45.27%。主营业务中，电影业务贡献营业收入10.8亿元，同比增长76.42%，大陆地区的票房合计约为人民币30亿元。

我本身对电影行业不是很了解，也并非阅片无数的电影爱好者，我作出这些判断以及做出买入的决定，只是源于我们县新开的三家电影院以及我看过的几部华谊兄弟那一年出品的电影。这些都是来自于生活的"提示"，很多时候这种"提示"甚至比行业专家的分析、研究报告的数据来得更加直观与真实。

如图16-3华谊兄弟（300027）日K线图所示，2013年年初的时候，华谊兄弟的股价不到20元，等到2013年10月的时候，股价最高时曾达到81.80元。

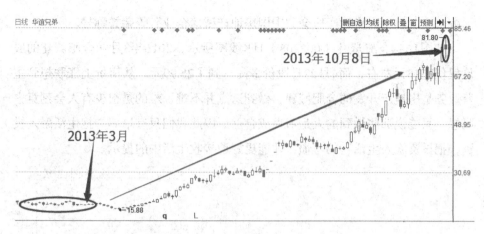

图16-3 华谊兄弟（300027）日K线图

16.5 合肥城建与合肥房价

2016年4月的时候，一个朋友跟我说他买的股票合肥城建（002208）最近涨了不少。我看了看确实如此，相比那段时间没什么起色的大盘，投资收益确实相当可观。带着学习的目的我询问他的买入逻辑是什么，他只说了四个字："合肥房价"。由于他居住在合肥，因此在日常生活中就能感受到合肥房价的变化，三四月份的时候合肥的房价一度暴涨。合肥房价暴涨的原因很多，比如省政府集全省之力发展合肥，省政府搬去滨湖新区，开通地铁一号线，等等。同样作为安徽人的我对合肥房价暴涨也有所耳闻，但是我并没有往那方面联想，与一次投资机会失之交臂。

合肥城建的公司简介：合肥城建发展股份有限公司是一家具有20多年房地产开发经验，以普通商品住宅及其配套商业地产、综合商务楼的开发、销售、服务为主营业务，经营稳健，具有成熟盈利模式的专业化、区域性的大型房地产开发公司。公司自20世纪80年代起即拥有房地产开发企业一级资质证书，先后获得建设部"首届中国房地产开发企业综合效益百强"企业、中国行业企业信息发布中心"中国房地产业领先企业"、中国工程建设协会"质量安全管理先进单位"、中国建设银行全国25家、安徽省唯一一家总行级房地产开发"守信与稳健企业"、中国房地产及住宅研究会"中国房地产开发著名品牌

 示范企业"、中国房地产协会"中国房地产诚信企业"等荣誉称号。

如图16-4合肥城建（002208）日K线图所示，2016年3月初合肥城建的股价仅仅在13元左右，而4月22日股价最高达到了28.99元。从房价上涨联想到主营业务是房地产开发的合肥城建，做到这点并不难，难的是很少有人会刻意去联想，只能说那些做到的人是习惯成自然。因此我们只有培养"把生活融入投资，把投资融入生活"的习惯，才能更好地接收生活中的提示。

图16-4　合肥城建（002208）日K线图

16.6　如何寻找生活的提示

看完上面几个例子，肯定有人想问我如何寻找这种生活的提示。我的观点是：不要刻意寻找，重在习惯培养。培养一种"把投资融入生活，把生活融入投资"的习惯，等你有了这种习惯，你就自然而然会接收到生活的提示。

机会往往是孕育在一些反常的事情中，比如突然家家户户装上了机顶盒，身边的人突然开始喝RIO。这种反常事件往往孕育着两类机会：新兴行业的成长股和业绩暴发的个股。百视通和百润股份的例子就属于前者，华谊兄弟和合肥城建的例子就属于后者。我们通常把那些涨势惊人的股称为妖股，那么什么是妖？民间有句俗语："事有反常即为妖。"在生活中引起我们注意的往往都是一些反常的事，司空见惯的事不会引起我们的注意。所以，难的不是感受到提示，难的是将提示往股市上联想。只有当我们养成经常将生活中的事情往股票上联想的习惯之后，再遭遇生活的"投资提示"，脑中才会闪过一抹灵光。

有的人会说，交易时段看股票就够累了，平时生活还要想着股票，那得多痛苦。他们会这么想是因为他们将投资视为工作，对待投资总是神经紧绷。于是很多股民在不开盘的时候坚决不去想股票，尤其在每周五收盘会有一种松了一口气的感觉，而在交易时段他们又片刻不离地盯着分时趋势图。说到底，是他们在潜意识里已经把炒股和生活对立了。其实生活和投资两者联系紧密，一方面投资中充满了生活，你的生活经历影响着你的投资风格；另一方面生活中充满了投资，农民给猪喂饲料，男孩追女孩送礼物，父母为了儿子上重点高中交择校费，这些不都是投资吗？想通了这些的话，你就会像享受生活一样享受投资，自然能够轻松养成关注生活的"投资提示"的习惯了。

第四篇
宏观环境篇

第17章　宏观经济发展状况

　　股市的走向和宏观经济发展状况息息相关，因为宏观经济发展状况影响着人们用于投资的资金的多少、企业的经营状况以及股民的信心和预期等诸多因素。因此在判断大趋势时，宏观经济发展状况是一个不得不考虑的因素，本章主要围绕GDP、CPI与货币供应量这三个能够反映宏观经济发展状况的数据的变动对股市的影响来展开。

17.1　相关术语

　　宏观经济包含的经济学专有术语较多，这一章着重对宏观经济数据对A股的影响这一个大的方向进行描述。首先我们要对相关的经济术语作出解释。

　　国内生产总值（GDP）：GDP国内生产总值（Gross Domestic Product）的简称，是指一个国家（国界范围内）所有常驻单位在一定时期内生产的所有最终产品和劳务的市场价值。GDP是国民经济核算的核心指标，也是衡量一个国家或地区总体经济状况的重要指标。

　　居民价格消费指数（CPI）：CPI是居民消费价格指数（Consumer Price Index）的简称。它是一个反映居民家庭一般所购买的消费价格水平变动情况的宏观经济指标。它是度量一组代表性消费商品及服务项目的价格水平随时间而变动的相对数，是用来反映居民家庭购买消费商品及服务的价格水平的变动情况。

　　货币供应量：货币供应量是指一国在某一时点上为社会经济运转服务的货币存量，它由包括中央银行在内的金融机构供应的存款货币和现金货币两部分构成。

　　流通中现金（M0）：指单位库存现金和居民手持现金之和，其中"单位"指银行体系以外的企业、机关、团体、部队、学校等单位。

狭义货币供应量（M1）：指M0加上单位在银行的可开支票进行支付的活期存款。

广义货币供应量（M2）：指M1加上单位在银行的定期存款和城乡居民个人在银行的各项储蓄存款以及证券公司的客户保证金。其中，中国人民银行从2001年7月起，将证券公司客户保证金计入广义货币供应量M2。

接下来着重对着几个指标的作用及其对A股的影响进行描述。

17.2 GDP

观察中国GDP指标走势图（图17-1）和其对应的上证指数月K线图（图17-2），通过对比可以看出，GDP创新高后，上证并没创新高，但是两者的趋势是十分接近的，我们关心的是宏观数据对A股的影响，因此我们关注一次大牛市的开始和结束可以发现在经济高速发展的时候经济增长速率对A股是有指导意义的。

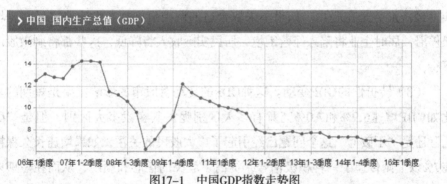

图17-1 中国GDP指数走势图

图17-2 上证指数月K线图（2006年一季度—2016年一季度）

不同情况的GDP变动对股市有不同的影响，概括来说有四点：

（1）高速稳定的GDP增长。在这种情况下，人民收入提高，手头的结余也增多，能够用于投资的钱也增多，更多的资金流入股市从而推动股市上行。同时GDP是反映宏观经济的数据，GDP持续稳定增长的时候，总体经济往往也在不断成长。上市公司盈利增加，企业经营环境得到改善，从而增大了上市公司对股民的吸引力。在这种情况下，人们对经济形势形成的良好预期也使他们的投资积极性得以提高。一轮大的行情的诞生往往都建立在GDP高速稳定增长的基础上。

（2）恶性通胀下GDP增长。通货膨胀是指货币的发行量超过流通中所需要的数量，从而引起货币贬值、物价上涨的经济现象。适当的通货膨胀能够刺激消费、扩大内需和刺激经济发展，但是过度的通货膨胀即恶性通胀是经济形势恶化的征兆。恶性通胀下GDP可能依然保持高增长，GDP看起来比上一年多，但这其实是由于货币贬值或者说钱不值钱了使得账面上看起来如此，事实上经济形势是在恶化。如果不采取合适的调控措施，恶性通胀之后将是增长停滞，届时企业将陷入经营困境，居民实际收入将降低，这些都将刺激股市下行。

（3）转折性的GDP变动。这种GDP的变动对股市的影响主要是短期的。比如GDP增速6.9%和7.0%究竟有多大区别呢？其实没多大区别，但是"破七"还是"不破七"这个问题已经引起了广大股民的关注，如果增速长久保持在7%以上则传递了一种积极信号，提高了股民的信心和预期，从而在短期内刺激股市上行。这种转折性变动只是给予了市场一个积极的信号，要诞生大行情的话，GDP必须在转折性变动之后表现为持续稳定的增长。

（4）宏观调控导致的GDP增长减速。GDP增长过快未必是好事，一则可能引发通货膨胀，二则不利于可持续发展，三则容易导致发展失衡。尤其是第三点，在经济快速增长的转况下，社会资本可能会在目前收益最大的行业过量投入，结果某些产业产生经济泡沫，而某些产业则缺乏必要的投资，最后会导致社会各产业资源分配失调。因此政府有时会采用宏观调控措施来使GDP增长减速，出现这种情况并不是说宏观经济形势变差了，而是在为进一步经济发展创造空间。

17.3 CPI

观察中国CPI指标走势图（图17-3）和其对应的上证指数月K线图（图17-4），通过对比可以发现，CPI是对经济的最直接的反映。理论上讲，CPI与股市涨跌不存在函数关系，但确实能通过资金面的供求关系影响到股市。

图17-3　中国CPI指数走势图

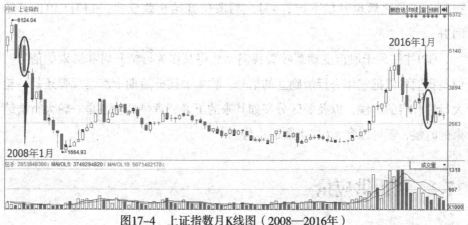

图17-4　上证指数月K线图（2008—2016年）

CPI反映的是与居民生活相关的消费品的价格水平的变动情况，因此它是一个重要的宏观经济指标。由于CPI的高低直接影响着国家宏观调控的方向和力度，因此它也是国家进行宏观调控的重要指标。又由于股市与宏观经济息息相关，因此CPI的高低间接影响着股市。

CPI与宏观经济关系密切是因为它直观地反映了一个国家的通货膨胀水平，CPI缓慢上涨对应的是温和通胀，而CPI上涨过快对应的则是急剧通胀甚至恶性通胀。温和通胀有利于刺激消费、活跃市场、提高人们的投资意愿。而急剧通胀和恶性通胀则会使得物价大幅上涨，货币大幅贬值，企业贷款成本增加，股票市盈率升高，人们的生活成本增加，用于投资的资金减少，投资实力和意愿降低，最终导致股指下跌。因此，CPI适度上涨说明宏观经济发展良好，宏观环境适合股市上行；而CPI上涨得过快则说明市场的通货膨胀水平较高，这种宏观环境是不利于股市上行的。

另外还有一点需要引起我们的注意，CPI并不是一个先行指标而是一个后行指标，也就是说并不是CPI先于宏观经济形势变动，而是宏观经济形势变动引起了CPI变动。由于股市也受到宏观经济形势变动的影响，因此判断两者变动的先后顺序就显得尤为重要。一般情况下是股市先发生变动，CPI则比较滞后。因为股价的上涨是市场行为，而CPI是一种统计指标，是通过统计市场相关数据并计算得出的，所以CPI具有滞后性。比如2015年上半年股价牛气冲天，CPI在一两个月之后也开始上行；2015年6月以后，股价大幅下跌，CPI指数在不久之后也开始下行；9月之后股价开始止跌反弹，11月CPI也开始回升。

CPI往往后于股市变动意味着我们无法将其作为行情开启和结束的信号，但是我们可以把它作为行情确立的信号，比如要区分短期上涨是反弹还是一轮大行情开启的时候，以及要区分突如其来的下跌究竟是调整还是一轮大行情结束的时候，就可以参考CPI指数的走势。

17.4 货币供应量

货币供应量数据反映的是相对客观的先行指标，它对整个宏观环境的判断是有重要意义的，这部分我举一个例子。

从2015年10月开始，M1同比增速从14%一路高速增长至目前的24.6%，而相比之下，M2增速总体较为平稳，这使得M2与M1同比增速之差自2015年10月开始由正转负，并出现明显的差距持续扩大趋势，目前两者之差已由2015年10月的-0.5%扩大至-12.8%。M1的高增速问题以及M2与M1间"剪刀差"的问题，引起了众多关注，也引发了对于货币数量与经济运行、资产价格关系的思考。那么，高速增长的M1究竟体现了我国货币数量的哪些特点？对经济增长和通胀有怎样的传导？对股市又有什么影响？这些答案都能在下文中找到。

1. M1与M2区别

不同统计口径的货币对经济增长的作用和反应不同，因此理解M1与M2的区别、货币与信贷间的关系十分重要。要理解M1与M2的区别，首先要说明货币的本质。在经济学中货币的定义分为狭义和广义两种，狭义的货币是指用作交换商品的一般等价物；广义的货币是指用作流通手段、价值尺度、支付手段、贮藏手段、世界货币的一般等价物。所以从定义来看，我们可以类比M1是狭义货币，M2是广义货币。

其次，理解M1与M2的区别还要从一个更加重要的问题讲起，就是货币与信贷的关系。从商业银行的资产负债表来说，信贷在银行的资产端，货币位于银行的负债端，两者是一个硬币的两面。根据货币乘数理论，银行收到初始存款后，在留足准备金的条件下，可以通过发放信贷创造新增货币，所以信贷和货币又是一个动态的"鸡生蛋，蛋生鸡"过程。同时，更重要的是货币和信贷的结构性区别，正如我们把存款货币分为M1和M2一样，信贷也可以分为短期贷款和长期贷款两类，两类信贷的功能不同，产生的货币也有所不同。对于短期贷款，银行投放这类流动资金是向经济提供了流通手段，使得商品和服务的交易可以顺利进行；但对于长期贷款，其实质是购买力的让渡，居民把自己的货币收入，以银行为中介让渡给企业使用，因此储蓄存款和长期贷款就是银行分别同居民和企业签订的长期合同金额。而储蓄存款正是M2减去M1的重要部分。

在上述两点的基础上，我们就很容易得到以下结论：一是M1与通胀的关系更加密切，因为M1代表的是货币交易性需求；二是M2与投资的关系更加密切，因为M2代表了居民把货币购买力以储蓄存款的形式让渡给企业进行投资。

2. 货币供应量与股市的关系

股市方面，货币供应量通过影响股利增长率和无风险收益率来影响股票市场价格。首先，货币供应量增多会导致利率降低，从而增加公司资本支出，提高企业的销售额，乃至公司的整体收益。再者，货币供应量压低无风险收益率，推高股价水平。同时，在探讨股票价格变化时，预期因素同样不容忽视。若货币供应量的变动未被充分预期，那么货币供应量的变动会引起股票市场价格的剧烈震动。

M2与M1相比，与股价关系更密切。第一，我国M1的统计口径中没有将居民存款纳入统计范围。第二，中国证券市场中散户比例很高，散户手中可用资金量的增减变化情况对证券市场走势的影响不容忽视。第三，M2统计口径中包括证券公司的客户保证金，与证券市场存在直接关系。

通过历史数据的对比，我们也发现，M2的同比变化与股市之间有很强的联系。在2007年年初，M2同比开始回升，并呈总体震荡上行的态势。与此同时，上证指数持续上涨，在短短10个月的时间内，由2700余点最高升至6124.04点。之后在大小非解禁、减持等情况的冲击下，加之货币供应增速未能继续同步上升，导致资金面压力突显，股市开始急转直下，最低跌破1700点。进入2009年，随着中国推行4万亿刺激政策，M2同比大幅提升，至2009年11月，M2增速达到峰值，同比增长29.74%，与此同时，在资金面的带动下，股市出现反弹行情，在此期间，上证指数涨幅接近2000点，最高触及3454.02点后才开始回落。而受制于基数效应等原因，M2同比在随后一年呈现回落态势。此外，在2010年7月和2013年1月开始，都有为期约半年的M2冲高，而与此同时，上证指数也同步走高。由上述分析我们可以看出，M2同比与股票指数间，有着较强的同步特征，呈正向变化。

然而我们发现，最近一轮始于2014年下半年的牛市，与M2同比变化出现背离，不符合上述得出的结论。产生这一异象的主要原因是，这轮牛市是"政策牛"＋"杠杆牛"。凭借两融、场外配资等方式，市场投资者获得了大量资金，在政策的支持下，不断推升大盘指数。其间，中国经济正处于下行阶段，牛市并无基本面的支撑，M2同比也处于缩窄的阶段。但央行多次降息降准，采用宽松的货币政策以刺激经济，使股市能借助高杠杆获得增量资金，进而推升股票市值的不断上涨。而股票市值的进一步上涨，又为抵押借贷的进一步融资提供可能，从而再促进了股市的上涨，呈现"杠杆推升—市值上涨—杠杆进一步提升—股票市值再次上涨"的正反馈循环。而随后股市的暴跌，也是始于政策的转变，因对两融和杠杆的严查和限制，增量资金无法支持庞大的股市市值，资金面承压再次通过杠杆的正反馈机制，使得股票出现下跌行情。不难看出，这一轮杠杆牛市，资金面自始至终与M2间的关系不大，因而在指数走势上也与M2同比间的关联性不强。

3. 总结

总体来说，首先，M1、M2与经济增长有着较为紧密的正向关系，M1高增长对经济的拉动作用与其对M2的推升有关。若M1成功传导至M2后，投资增加将带动实体经济增长。另一方面，交易性M1较多与当前消费表现较好相一致，因此消费也有望继续拉动经济增长，带动经济温和复苏。其次，M1与通胀相关，M1高增长下物价推升是必然结果。最后，M2与股价有较高的相关性。在目前M2保持相对低位的背景下，股市面临存量博弈。

第18章　利率、印花税、IPO等的调整

国家时常会做一些宏观调控，这些调控有的是针对宏观经济发展，比如提高利率防止恶性通货膨胀，有的则是直接针对股市，比如股灾发生时降低印花税救市。不论宏观调控的目的是什么，这些宏观调控都会对股市产生或多或少的影响。那么宏观调控的力度和其对股市的刺激是正向还是负向就值得我们高度关注。在本章中，我将会介绍四种常见的宏观调控措施以及它们对股市的影响。

18.1　利率

18.1.1　概述

利率（interest rate）表示一定时期内利息量与本金的比率，通常用百分比表示，按年计算则称为年利率。其计算公式是：利率=利息量/（本金×时间）×100%。利率就表现形式来说，是指一定时期内利息额同借贷资本总额的比率。利率是单位货币在单位时间内的利息水平，表明利息的多少。由于利率对宏观经济的影响很大，因此所有国家都把利率作为宏观经济调控的重要工具之一。利率通常由国家的中央银行控制，在美国由美联储管理。

利率是一个非常重要的基本经济因素，因为几乎所有的金融现象和金融资产都与利率有着或多或少的联系。因此，调整利率成了宏观调控的一个重要手段。当经济过热、发生恶性通货膨胀时，政府便会提高利率，使部分超发的货币流入银行；当经济低迷、通货紧缩时，政府便会把利率适当调低，释放流动性资金。

18.1.2　对股市的影响

人们的钱是有限的，如果用于储蓄的钱多了，那么用于投资的钱也就少了。利率调整改变的是银行利率水平，即储蓄对公民的吸引力。利率提高，储蓄的吸引力增大；利率降低，储蓄的吸引力减小。因此短期内利率和股市一般呈负相关，也就是说短期内利率下降时，股市一般上行；利率上升时，股市一般下行。因此，利率的高低以及利率同股市的关系，也成为股票投资者买进和卖出股票的重要依据。

为什么说短期内利率的升降与股价的变化呈上述反向运动的关系呢？主要有3个原因：

（1）储蓄和投资是此消彼长的。利率上升，也就是说钱存进银行利息变高了，所以一部分资金从投向股市转向到银行储蓄，从而会减少市场上的股票需求，使股价下跌。反之，利率下降时，储蓄的获利能力降低，一部分资金就可能回到股市中来，从而扩大对股票的需求，使股票价格上涨。

（2）利率分两种：存款利率和借款利率，顾名思义存款利率就是我们存钱的利息与存款金额的比率，贷款利率就是企业向银行借钱的利息与借款金额的比例，存借款利率往往同时同向调整。贷款利率的上调会增加企业的还款压力和降低贷款意愿，这样企业不得不消减生产规模，而生产规模的缩小必然会减少公司的未来利润，降低股民心中该公司的预期盈利，从而导致股价下跌，反之降低贷款利率则会刺激股价上涨。

（3）利率的调整是宏观调控的一种重要手段，而股市本身和宏观经济环境又息息相关，因此当利率调整是为了改善经济形势，促进宏观经济发展的时候，会提高股民对宏观经济形势的预期，从而刺激股价上涨。

短期内股价走势和利率调整方向是呈负相关的，但是长期来看未必如此。因为国家也明白利率调整反向刺激股价的道理，所以在熊市的时候政府为了维护股市稳定可能会选择降低利率，牛市的时候为了预防股市过热可能会选择提高利率。短期来看利率调整对大盘走势的影响是反方向的，利率只是影响大盘的其中一个因素，大趋势不是那么容易改变的。所以长期来看会有利率和大盘同涨同跌的情况。比如2005年→2007年，上证指数从998点涨到6124点，利率从2%左右涨到4%以上。2007年年末→2008年，上证指数从6124点跌到1664点，利率从4%以上跌到2%以下。

再来看看具体的例子：很多人说2015年的那一轮牛市是"政策牛"，因为降低利率和开放两融等政策使利好频出，2014年和2015年，利率一共降低了5次。

2014年11月21日，存款基准利率：3.00%→2.75%【-0.25%】，贷款基准利率：6.00%→5.60%【-0.40%】。

2015年3月1日，存款基准利率：2.75%→2.50%；【-0.25%】，贷款基准利率：5.60%→5.35%【-0.25%】。

2015年5月11日，存款基准利率：2.50%→2.25%【-0.25%】，贷款基准利率：5.35%→5.10%【-0.25%】。

2015年6月28日，存款基准利率：2.25%→2.00%【-0.25%】，贷款基准利率：5.10%→4.85%【-0.25%】。

2015年8月26日，存款基准利率：2.00%→1.75%【-0.25%】，贷款基准利率：4.85%→4.60%【-0.25%】。

如图18-1和图18-2所示，2014年11月21日利率降低之后股市一路上行，2015年3月1日和5月1日的降息更是给这波牛市加了把火，而股灾之后国家为了稳定股市在2015年6月28日继续降息，但大势难为。6月28日的降息并没有止住跌势。在又一次暴跌后，国家在8月26日再次降息，这次降息对止跌起了一定作用。

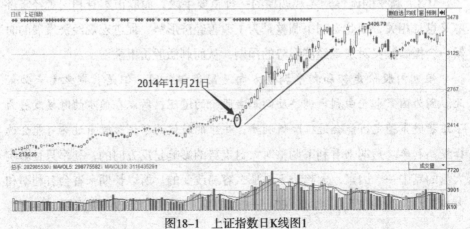

图18-1　上证指数日K线图1

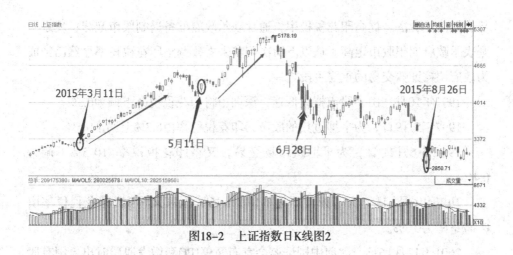

图18-2　上证指数日K线图2

18.2　股票交易印花税

18.2.1　概述

股票交易印花税是从普通印花税发展而来的，是专门针对股票交易发生额征收的一种税。我国税法规定，对证券市场上买卖、继承、赠予所确立的股权转让依据，按确立时实际市场价格计算的金额征收印花税。股票交易印花税对于中国证券市场来说，是政府增加税收收入的一个手段。同时印花税增加了股票交易的成本，这使得它自然而然地成了政府调控市场的工具。

一般而言，股票交易印花税的主要作用有两个：

（1）政府增加税收收入的一个手段，股票交易印花税作为税收收入的一部分，为我国财政收入贡献了一份力量，比如2015年的股票交易印花税就达到了2553亿元。

（2）作为调控证券市场的工具，股票交易印花税增加了投资者的成本，这使它自然而然地成为政府调控市场的工具。

18.2.2　对股市的影响

对中国股市而言，股票交易印花税税率的变化，表达了政府对于股市走势的倾向性看法。提高印花税税率，通常表示政府准备遏制股市泡沫；反之，则表示政府期望股市走高。从以下历次调整来看，调整印花税税率显然已经成为政府调控证券交易的重要手段之一。

1991年10月，由于股市持续低迷，深圳市将印花税税率下调为0.3%。

1997年5月9日，为平抑过热的股市，印花税税率由0.3%上调至0.5%。

1998年6月12日，为了活跃市场交易，又将印花税税率由0.5%下调为0.4%。

1999年6月1日，为了拯救低迷的B股市场，国家又将B股印花税税率由0.4%下降为0.3%。

2001年11月16日，此前中国证监会宣布暂停IPO和增发股票时出售国有股以筹措社保基金的重大利好消息后，为了坚定投资者的投资信心，又将A、B股印花税税率统一下调至0.2%。

2007年5月30日，财政部为遏制沪深股市大幅飙升将印花税税率由0.1%调高至0.3%。

2008年4月24日起，为促进股市复苏，印花税税率由此前的0.3%调整为0.1%。

2008年9月19日起，印花税征收方式由双边征收改为单边征收，税率保持原先的0.1%。此后只需出让方缴纳印花税，受让方无须再缴纳……

调整印花税既是政府调控证券市场的手段，又是影响股价指数的一个重要因素。原因在于印花税的调整既改变了股民交易的费用，也传达了一种政策倾向，在常年有"政策市"之称的中国股市，政策倾向无疑在影响着无数股民对后市的信心和预期，从而影响了股市的走向。

如图18-3所示，自2015年6月初股灾爆发后，市场中人心涣散、股民信心大降，呼吁下调印花税税率的呼声日益高涨。2015年9月1日，中国证监会为提高股民信心、恢复股市人气，决定将印花税税率由现行的0.1%调整为0.05%。这对救市起到了一定作用。

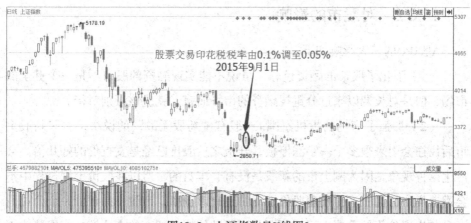

图18-3 上证指数日K线图3

18.3 IPO

18.3.1 概述

首次公开募股（简称IPO）：是指一家企业或股份有限公司第一次将它的股份向公众出售（首次公开发行，指股份公司首次向社会公众公开招股的发行方式）。

我们经常听人说一个词："IPO吸血"，指的是IPO的公司在吸纳已上市公司的资金。因为在忽略场内资金变动的情况下，所有股民投入股市的钱是有限的，这些钱原本分散投资在500家上市公司，突然股市里新增了100家上市公司，那么这些钱就被摊薄了。也就是说原先500家上市公司的资金在流出，那么对原先那500家上市公司的股价是不是不利呢？

这是一个方面的影响，另一方面由于A股"新股无敌"的神话，因此很多股民喜欢申购新股。在2015年11月6日新规之前，新股申购是要预缴款的，也就是说，你想要申购新股就得先保证账户里有资金，所以新股发行的时候很多股民为了申购新股会选择出售原有股票，这对其他上市公司的股价也有一定影响。而在2015年11月6日之后新股申购实行"市值配售"和"先申购后缴款"的新规，便不存在这方面的原因了。

18.3.2 对股市的影响

A股IPO的三大影响如下。

（1）强化了股市的融资色彩。虽说不能实现融资的股市不是一个健全的市场，但是对长期以来过分重视融资的市场而言，就应该区别对待。

（2）加强了市场的投机氛围。A股有"新股无敌"的说法，一只新股上市后往往会引来很多个一字涨停板，开板之后股价已经是发行价的好几倍。会产生这种现象是因为刚上市的新股是没有套牢盘的，所以在股价上涨过程中不会遭遇集中的抛压。伴随着股价上涨的还有市盈率，市盈率是评价一个公司是否具备投资价值的重要指标，而那些新股即使拥有超高的市盈率却依然涨势强劲，这无疑助长了市场的投机氛围。

（3）与我们普通股民息息相关的一点，IPO打击了股民的投资信心。20块小饼干分给4个小朋友，每个人能分到5块，而如果是分给5个小朋友，那么每个人只能分到4块。在流动性资金一定的情况下，IPO就对资金起到了一个分流的作用，资金从现存的上市公司中流出，从而导致了其股价下跌。同时由于越来越多的股民认同这套"IPO吸血论"，IPO重启会打击他们的信心和预期。

正因为IPO对股市有这些影响，所以IPO的每次暂停与重启都会在市场掀起波澜。

A股的IPO曾经有以下九次暂停又重启的经历：

（1）1994年7月21日–1994年12月7日，空窗期：近5个月。

（2）1995年1月19日–1995年6月9日，空窗期：近5个月。

（3）1995年7月5日–1996年1月3日，空窗期：6个月。

（4）2001年7月31日–2001年11月2日，空窗期：3个月。

（5）2004年8月26日–2005年1月23日，空窗期：5个月。

（6）2005年5月25日–2006年6月2日，空窗期：1年。

（7）2008年12月6日–2009年6月29日，空窗期：7个月。

（8）2012年11月3日–2014年1月17日，空窗期：14个月。

（9）2015年7月4日–2015年11月6日，空窗期：4个月。

每次IPO的暂停与重启都对大盘产生了或多或少的影响，比如2008年12月6日A股暂停IPO之后不久，A股就迎来一波行情，而此行情恰恰在2009年6月29日重启IPO后不久便结束，如图18-4所示。

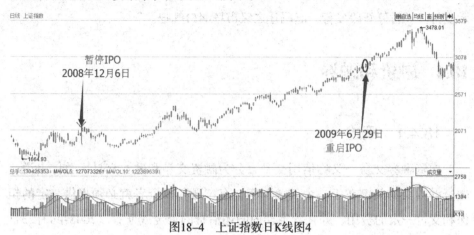

图18-4　上证指数日K线图4

再比如2015年7月4日，证监会发布IPO暂停的公告。原定于7月3日、6日、7日、8日、10日发行的28只新股中断发行，其中7月3日发行的10只新股在7月6日之后陆续退还申购资金。此次IPO暂停是在A股大盘一蹶不振的背景下采取的维稳措施，对大盘止跌起到了一定作用，如图18-5所示。

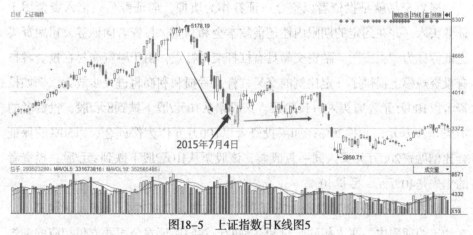

图18-5　上证指数日K线图5

"IPO暂停对股市是利好，IPO重启是利空"，这已经是大多数股民的共识。早在2012年就曾发生过这样的事，2012年7月16日上证指数再创阶段新低，深证成指跌幅当日也超过了2%，两市共有135只个股跌停。

随后在股吧论坛、证券营业部内，呼吁暂缓甚至暂停新股发行的声音不绝于耳。在论坛，"千万股民大签名：强烈要求证监会停发新股、停止IPO！"的帖子成为焦点，点击次数超过6万，回复近3千条，绝大部分股民表示支持。"暂停新股发行，起码让二级市场喘口气吧。"

18.4 融资和融券

18.4.1 概述

融资融券交易，又称信用交易，分为融资交易和融券交易。总体来说，融资融券交易关键在于一个"融"字，有"融"投资者就必须提供一定的担保和支付一定的费用，并在约定期内归还借贷的资金或证券。2008年4月23日国务院颁布的《证券公司监督管理条例》对融资融券做了如下定义：融资融券业务，是指在证券交易所或者国务院批准的其他证券交易场所进行的证券交易中，证券公司向客户出借资金供其买入证券或者出借证券供其卖出，并由客户交存相应担保物的经营活动。

融资交易就是投资者以资金或证券作为质押，向证券公司借入资金用于证券买入，并在约定的期限内偿还借款本金和利息；投资者向证券公司融资买进证券称为"买多"。融资交易具有杠杆交易特点，由于融资交易在投资者自有投资规模上提供了一定比例的交易杠杆，亏损和利润将进一步放大。例如投资者以100万元普通买入一只股票，该股票从10元/股下跌到8元/股，投资者的损失是20万元，亏损20%；如果投资者以100万元作为保证金、以50%的保证金比例融资200万元买入同一只股票，该股票从10元/股下跌到8元/股，投资者的损失是40万元，亏损40%。

融券交易是投资者以资金或证券作为质押，向证券公司借入证券卖出，在约定的期限内，买入相同数量和品种的证券归还证券公司并支付相应的融券费用；投资者向证券公司融券卖出称为"卖空"。比如你判断某股股价即将下跌，就可以通过融券业务，向证券公司借入该股股份卖出。在约定期限到来之前你需要重新购入那么多股份归还证券公司，如果到期没有购入也会被强行平仓。假设你在某股10元/股的时候进行融券，向证券公司借入10000股卖出，在约定期限到来前该股股价跌到9元/股的时候，你购入10000股归还证券公司，这次融券交易你就获利了10000元。

18.4.2　对股市的影响

融资服务于多头，给多头"加杠杆"；融券服务于空头，让空头能通过"卖空"获利。因为两融分别服务于空头和多头，且是同时调整的，所以两融就像一把"双刃剑"，对股市产生了正反两方面的影响。但总的来说，融券的影响远没有融资的影响大，融资是通过加杠杆成比例地放大参与融资交易的投资者的资金，而融券借来券商的股票卖出，终归是要买回股票归还券商的，因此对场内资金总量的影响远不如融资大。

市场环境较暖的时候，两融业务的发展会催生和促进牛市，而熊市的时候，由于融券能让空头获利，所以会进一步刺激大盘向下。因此，在市场环境比较暖的情况下，增加两融标的、支持两融发展表明国家也期望股市上行；当股市热火朝天的时候，国家又会开始去杠杆、清理配资盘，这主要是为了限制融资，给股市降温；而当股灾发生之后，国家会继续限制两融，这主要是为了限制做空来稳定股市。

2015年注定是中国股市难忘的一年，从开始的券商股拉出一个牛市，再到杠杆资金推动疯牛狂奔，国家的去杠杆行动又迅速将疯牛推至千股跌停。

2014年9月22日起，融资融券标的股票数量由695只扩大至900只。扩容后，标的股票数量占到了A股上市公司总数的三分之一，流通市值占到了A股流通总市值的80%，标的股票的覆盖度和代表性获得进一步提升。这之后两融便快速发展。

判断两融发展状况有一个直观的指标——两融余额。两融余额是融资余额和融券余额的和。融资余额指投资者每日融资买进与归还借款间的差额。融券余额指投资者每日融券卖出与买进还券间的差额。两融余额增加表示投资者心态偏向买方，市场人气旺盛，属强势市场；反之则属弱势市场。

如图18-6所示，2014年12月19日，当日两融余额首次突破万亿元，自首次突破万亿元大关后，两融余额就一路高歌猛进，2015年5月20日，两融余额突破两万亿元，6月18日达到最大值——2.27万亿元。

图18-6　上证指数日K线图6

　　这一轮牛市的结束和股灾的发生和国家限制融资融券有很大的关系。中国证监会于2015年6月12日晚间发布了修订后的《证券公司融资融券业务管理办法》，旨在降杠杆、限制融资融券。（最关键的两点变化是：其一，提高了融资融券的门槛。"对未按照要求提供有关情况、从事证券交易时间不足半年、缺乏风险承担能力、最近20个交易日的日均证券类资产低于50万元，或者有重大违约记录的客户不得向其融资、融券。"其二，限制了杠杆率。"融资融券的金额不得超过净资本的4倍。"）这一事件正式宣告了牛市的结束。

第19章 股市与楼市及汇率的关系

我们常说的"四大市"指的分别是：股市、楼市、汇市和大宗商品市场。这四者一方面共同受宏观经济状况影响，另一方面还在互相争夺着资金。这种关系在股市和楼市之间显得尤为明显，因此本章就来介绍一下股市和楼市的关系，其他市场和股市的关系也大体类似。此外，由于汇率代表了大量国际热钱的流动方向，所以汇率和四大市的关系都很密切，因此本章还要说说股市和汇率的关系。

19.1 股市与楼市的关系

19.1.1 国际经验

美国的股市和楼市关系十分密切，长期来看两者的走势比较一致。1991年至2000年，美国的股市和楼市皆进入上行通道，2000年3月美国股市见顶开始回落，美国房价指数则是在次年二月见顶回落，2002年两者皆触底反弹。之后房价于2006年6月开始下跌，道琼斯工业指数于2007年10月见顶回落。但是2010年9月之后，道琼斯工业指数震荡上行，而房价却不断下跌。2012年1月美国房价触底反弹，进入上行通道，与股市一同上涨。可以看出，美国的股市和楼市主要表现为大趋势上一致，但不同步。

中国香港的股市和楼市的关系则更加密切，2003年4月恒生指数触底反弹，同年8月中国香港的房价触底。2007年10月恒生指数见顶回落，2008年6月，中国香港的房价也达到峰值开始回落。2011年3月恒生指数开始下跌，同年9月中国香港的楼市也进入下行通道。2012年恒生指数开始上涨，中国香港的房价也从2012年开始上涨。恒生指数于2014年9月达到峰值25362点，中国香港的房价也于2014年见顶。可见中国香港的股市和楼市关联密切，趋势相同，股市往往在楼市之前发生变动。

再来看看日本，日本的股市与楼市同样密切相关。日经股指从1990年首个交易日开始进入了漫长的下跌通道，日本地价指数则到1991年才见顶。1991年9月至2006年6月，十五年间日本楼市持续下行，而日经股指则从1990年年初开始下跌，2005年7月触底反弹，日本楼市于2006年6月触底反弹，两者的反弹皆在2007年6月结束。由此可以发现，日本的股市和楼市长期走势基本一致，但短期看来并不同步。

19.1.2　A股与楼市的关系

纵观上证指数走势和房价走势对比，可以发现有的时候房价和股价呈正相关，有的时候呈负相关。

2007年房价与股价同步上涨，房价于2007年9月见顶，上证指数也在10月达到了6124点的历史高点。

2008年股价与房价同步回落。而2008年10月至2009年1月，上证指数在底部徘徊，此时房价下跌，随后股价与房价同步上涨。

2009年8月，上证指数触顶回落，房价也于同年12月开始回落。

2012年6月，房价止跌反弹，股市于同年12月开始急涨。

2013年3月股价再度下跌，而恰恰也是3月，70城房价环比涨幅见顶……

观察图19-1中国新房价指数走势图和图19-2同期上证指数周K线图也可以直观地发现两者的走势并不是简单的正相关或负相关，比如2012年下半年新房价指数在上涨而上证指数则处于下跌通道，2015年年初两者则是同步上涨。因此人人都知道股市和楼市有联系，但是人人都有分歧，关于楼市和股市的关系也有着两种主流说法：

图19-1　中国新房价指数走势图

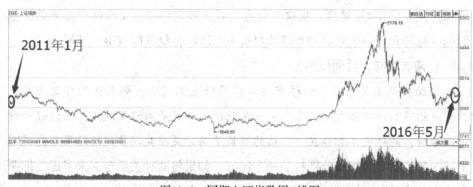

图19-2　同期上证指数周K线图

1. 此消彼长池水论

关于这种说法，我们可以把市场上的流动性资金看作池水，把那些吸引投资者，容纳资金的市场看作水池。股市和楼市就是两个非常大的水池。在池水一定的情况下，如果流入一个池子里的水多了，也就意味着流入另一个池子里的水少了。当楼市火热的时候很多人用抛售股票的资金来买房，股市处于牛市的时候也有股民卖房炒股的案例。2012年6月至2013年12月上证指数从2400点左右一路下跌至2000点左右，但70个大中城市新建商品住宅价格指数同比持续回升。而在2014年至2015年3月，房价同比增速一路下滑，但同期上证指数却节节攀升。随后，2015年6月以来股市经历三轮暴跌，而房价，尤其是一线城市和部分热点二线城市的房价却一路飙升。从这个角度来看，楼市和股市就像是处在跷跷板的两端，是此消彼长的存在。

2. 同涨同跌手足论

楼市和股市会发生同涨同跌的现象是因为两者都受到宏观经济形势的影响，是同一个自变量的两个因变量。从股市角度看，股价是未来盈利预期的当期折现，经济形势好的时候股民普遍预期较高，经济形势低迷的时候，股民普遍预期较低。从楼市角度看，房地产作为传统经济的支柱产业，连接上下游众多行业，房地产的景气度与宏观经济紧密相连。总的来看，当经济形势大好的时候，人民收入增加，流动性资金增多，流入两个市场的资金自然增多，经济形势低迷的时候则正好相反。2006年至2007年股市处于牛市，同期房价也不断上涨。上证指数于2007年10月见顶，一个月之后房价增速也见顶。在2009至2010年股市的反弹阶段，房价也同步上涨，股市的反弹于2010年1月结束，房价增速则在同年4月见顶。从这个角度来看，股市和楼市又像两个亲兄弟，他们的待遇都和同一个家庭的经济状况有关，所以他俩共同进退，荣辱与共。

3. 两者皆有，共同作用

上面提到了关于股市和楼市关系的两种主流说法，那么这两种说法究竟孰对孰错呢？楼市和股市的关系究竟是此消彼长还是同涨同跌呢？应该说两种说法都对，两种关系都存在，最后的结果是两种关系共同作用的结果。在说明上述两种说法的时候我分别打了一个比方，如果将两种关系合起来考虑，那两个比方的完整版应该是这样的：

说明股市和楼市此消彼长的A说法的时候，我把池水比作流动性资金，水池比作股市和楼市。在池水总量一定的情况下，"甲池满溢乙池涸"，即在流动性资金一定的情况下流入股市的钱多了，流入楼市的钱就少了。但是将B说法也考虑进来，就会发现流动性资金并不是不变的，宏观经济形势会对流动性资金的总量造成影响。所以这个比方的完整版应该是这样的："甲池满溢乙池涸，若逢雨季皆充沛"。

说明股市和楼市同涨同跌的B说法的时候，我把股市和楼市比作一对亲兄弟，由于他们生活在同一个家庭中，因此他们的待遇必然都受到家庭的经济状况的影响。股市和楼市处于同一个社会环境下，所以也必然都受到宏观经济形势的影响，因此表现出涨跌的一致性。如果把A说法也纳入考虑，我们则发现这个说法并不完善。因为在忽略家庭经济状况变动的情况下，两兄弟其实在互相争夺来自父母的关爱，哥哥的待遇好了，弟弟的待遇就差了，从这个角度来看，他们的待遇是此消彼长的。

因此楼市和股市真正的关系其实是A、B两种关系的结合，在分析的时候两种关系我们都要考虑到，并分析哪种关系占主导地位。当宏观经济形势一片大好的时候，流动性资金充盈，这时候楼市与股市互相争夺流动性资金对涨势影响就不大；而当经济低迷，流动性资金不足的时候，此消彼长的效应就非常明显，一者的上涨往往伴随着另一者的下跌。

除此之外，还有一点需要引起我们的注意，那就是在经济低迷的时候，楼市和股市之间的流动性资金争夺，往往是楼市胜出。因为房地产是实体资产，而股票是纸面富贵，投资房地产不论怎么亏损最后都能剩下一套房，而投资股票最后可能只剩一张纸。因此在经济低迷的时候，股市和楼市之间，资金更倾向于流入楼市，这时的此消彼长多以楼市涨股市跌为主。

19.2 股市与汇率的关系

19.2.1 概述

汇率是一种货币兑换另一种货币的比率，是以一种货币表示另一种货币的价格。由于汇率变动会影响一国货币的升值或贬值，从而影响热钱的流入和流出，从而影响该国股市。

很多人一直弄不懂汇率的上升究竟是对应本币的升值还是贬值，在网上查询也会发现说贬值和升值的观点都有，这里我就来解释解释。弄不懂这一点是因为很多人没有注意区分对内和对外，汇率上升导致本币对外升值，对内贬值。因为汇率是以一种货币表示另一种货币的价格，如A币/B币=A币兑B币汇率，汇率上升也就是价格上升，所以A币对B币升值。本币对外升值后，由于存在进一步升值预期，当国外资本判断A币将会继续升值时，就会提前将外币兑换成A币，在A币升值之后可以用较少的A币换取更多的外币，赚取汇差。大量外币兑换成A币，也就意味着该国银行要支出大量的A币，这些本不在该国市场的A币流入市场将引发通货膨胀，从而导致A币在本国购买力下降即对内贬值。

再回到股市和汇率的关系上来，两者的关系相当复杂，但总的来说偏向正相关：一方面，当汇率提高，即本国货币相对外币升值，股市等资本市场会吸引大量国内外资本流入，从而推动指数走高。另一方面，当汇率提高，股票等资产价格被重新被估值，促使股票升值从而推高指数。但是这只是总体情况，本币对外升值还会阻碍出口，大量外资兑换成本币引发通货膨胀，这些情况既不利于宏观经济发展，也不利于股市上行。再比如假如国际资本并没有选择流入股市而是流入了楼市呢？房价被投机客炒高，风险资金见房价被炒高，于是弃股市而去涌入楼市。这些时候汇率和股市就成了负相关了，所以我们要辩证地看待股市与汇率的关系。

19.2.2　汇率的四大影响

汇率变动能够影响股市并不是因为它和股市之间存在直接的函数关系，而是汇率能够影响一系列与股市有关的变量，从而影响股市。

（1）流动性资金：汇率的升降往往导致一国货币的升值或贬值，由于资本的逐利性，因此国际热钱会随着汇率变动涌入涌出，造成一国流动性资金变动。在本币对外升值趋势下，外国投资者为了赚取汇差会将外币兑换成该国货币，涌入该国市场，使得该国流动性资金增加。反之在本币对外贬值的趋势下，本国投资者和外国投资者就不愿意持有以本币计值的各种金融资产，并会将其转兑成外汇，发生资本外流现象，导致本国流动性资金减少。

（2）进出口：本币汇率降低，即本币对外贬值，能起到促进出口、抑制进口的作用；而本币汇率上升，即本币对外升值，则有利于进口，不利于出口。

（3）物价水平：由于汇率变动会引起国际热钱的流入流出，而物价水平受货币供应量的影响。在我国现行采取的无条件结汇和有条件售汇的银行结售汇制度下，外资流入的大量增加直接导致外汇储备增加，进而引起国内货币供给量增加，最终造成物价不断上涨。反之国内资本的流出则会降低外汇储备，减少货币供应量，造成物价水平下跌。

（4）投资者信心：由于汇率和宏观经济形势息息相关，因此汇率变动会影响投资者对中国经济前景的看法，影响投资者的信心，进而影响股市的人气和走势。

19.2.3　A股与人民币汇率的关系

A股与汇率的关系是从2005年7月21日开始才变得密切的，2005年7月21日中国的汇率制度正式由固定汇率制度变为有管理的浮动汇率制度。当日中国人民银行宣布："中国开始实行以市场供求为基础、参考一篮子货币进行调节、有管理的浮动汇率制度，并让人民币对美元升值2%。"中国人民银行的这一决定标志着中国的汇率制度改革和经济增长战略调整正在进入一个新的阶段。浮动汇率制度，就是指一国货币当局不再规定本国货币与外国货币比价和汇率波动的幅度，货币当局也不承担维持汇率波动界限的义务，而听任汇率随外汇市场供求变化自由波动的一种汇率制度。"

在中国实行有管理的浮动汇率制度后,热钱大量流入我国,人民币开始了它的升值之路。热钱的大量涌入,短期内使得市场的流动性资金激增,部分资金流入股市,刺激股市上行。但是长期来看人民币快速升值会阻碍出口,加剧通货膨胀,不利于宏观经济的发展,从而导致股市下行。2005年汇改以后,人民币对美元汇率几年内快速上涨,而期间上证指数先从不足2000点上涨至6000点以上,之后又跌回2000点以下,如图19–3上证指数月K线图所示。

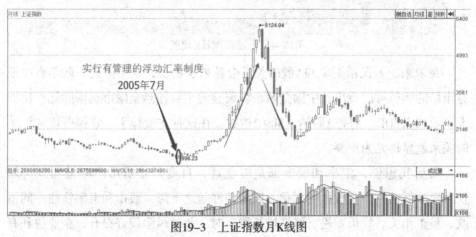

图19–3　上证指数月K线图

在2015年8月11日实行汇改之后,汇率和股市的相关性进一步增强。2015年8月11日央行实行更加市场化的人民币汇率定价方式,并且在之后的几个交易日内允许人民币对美元大幅贬值,同时央行将人民币汇率中间价下调1000点,人民币一次性贬值2%,创下历史记录。随后中国股市迅速下跌,全球市场也受到拖累。截至2015年8月底,人民币对美元汇率最大跌幅高达3.2%,而上证指数也有了近20%的跌幅。之后在央行的干预和管理下,人民币汇率企稳,股市也止跌,如图19–4上证指数日K线图所示。

本次汇率大跌引起股市大跌有两方面的原因,首先是外币相对于本币升值了,由于存在进一步升值预期,因此部分投资者会为了赚取汇差将本币兑换成外币,热钱流出,国内流动性资金减少,从而导致股票在内的资产价格下跌;其次汇率变动影响了投资者信心,进而影响股市。人民币汇率大幅贬值不仅影响投资者对央行干预汇率能力的信心,甚至还会影响投资者对中国经济前景的判断,从而导致股市大跌。

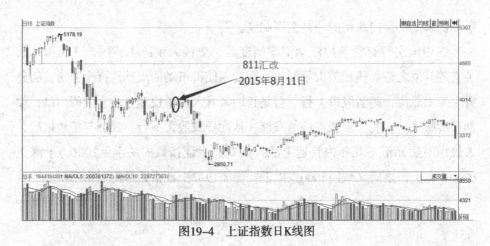

图19-4 上证指数日K线图

在未来，人民币汇率和A股的关系会越来越密切，从中国近一两年有关证券市场的调整可以看出，中国金融市场调整的主旋律是金融市场国际化，比如人民币加入SDR，想把A股纳入MSCI指数。在这种主旋律下，掌握股市和汇率的关系就显得尤为重要。

最后我想说，汇率和股市都是因变量，自变量是货币供应量和经济增长。经济低迷时，企业盈利恶化，风险偏好随之下降，股市和汇率往往一同下跌，呈正相关。货币宽松、经济增长稳定时，此时风险偏好提升，企业盈利有望向好，带来股市上涨，汇率和股市一般都会上涨，但国家为了防止通胀可能会通过宏观调控来降低汇率，所以也会呈负相关。

我们要把汇率的涨跌作为评判货币流动性和经济增长的指标，再通过货币流动性和经济增长形势来观察股市，而不是直接把汇率涨跌当作股市涨跌的指标。

第20章 五则寓言，五个判断大势的小方法

很多股民有过这样的感慨："买几手股票，仿佛全世界的大小事都和你有关系了，大到中国经济、汇率波动、美国加息、英国脱欧，小到券商研报、公司公告、八卦传闻。"正是因为这个市场上有着千千万万个因素在影响着大盘走势，所以大盘走势才显得难以捉摸。但难以捉摸并不意味着我们无能为力，在一些特殊情况下，我们能够通过一些特殊方法来预测大盘，这里我就来介绍几种小方法。

20.1 成立前提：抓住主要变量

预测大盘走势很难，难就难在影响大盘走势的因素太多了，你不可能每个都考虑到。就算你都能考虑到，你也不知道这无数个因素一起作用于市场会带来怎样的结果。因为炒股不是一门精确的学科，它是无法量化和求和的。假设我们将加息的影响计为+2，人民币贬值的影响计为−1，最后求和+2−1=+1，判断为利好。量化的标准是什么？求和的依据是什么？这么做显然行不通。但是我们也不是无计可施，在一些特殊情况下，我们能够通过一些特殊方法来预测大盘走势。

假如我们把股市比作一个函数，那么这个函数不是一个"$Y=kx+b$"这样的单变量函数，而是具有无数个变量的函数，例如"$Y=b+k_1x_1+k_2x_2+k_3x_3+k_4x_4+k_5x_5+k_6x_6\cdots\cdots$"要合计这么多变量来预测股市走向太难了，这时候我们就需要去抓主要变量。如果某事件引起了广泛关注，该事件的相关变量对函数的影响就大大提高，甚至提高到了其他变量可以忽略不计的程度，假设这个变量是x_1，那么这个时候"$Y\approx b+k_1x_1$"。这种情况我们就可以通过重点关注变量x_1来预测大盘走势。

下面这五个我自己总结的小方法就是建立在"抓主要变量"的基础上

的，这五个方法只针对那些牵动股民心弦的主要变量才有效。为了讲述得生动，我还给这五个方法各自配了一则寓言。那我们开始吧，从前……

20.2 方法一：危机解除将反弹

1. 寓言

从前有一群羊无忧无虑地生活在大草原上，某一天草原上突然出现了一匹狼，这匹狼开始大肆捕食草原上的羊。羊儿们对此十分恐惧，很多羊甚至开始迁徙。结果过了段时间狼死了，羊儿们集体欢呼，很多迁徙的羊也回来了，羊群恢复了以往的悠闲自在。

2. 方法概述

这里的狼就是我们所说的大利空，狼引起羊群恐慌导致部分羊儿逃离草原，狼死了危机解除，这些羊儿又回到草原。这就像大利空来袭的时候，场内资金出逃，股市暴跌；危机解除，场外资金回归，股市反弹。注意，我这里说的仅仅是反弹，回归的资金肯定比原先出逃的少，就好像寓言里迁徙的羊不会全部回去一样。那么，究竟什么是大利空？谁知道呢，每天的消息那么多，你能猜到哪个会引爆市场？尽管我们无法提前知道大利空是什么，但是在股灾发生后我们可以知道利好是什么，"大利空消失=利好"，比如寓言里的"狼死了"。

当某个事件引发股灾的时候，不对，应该说当股民普遍认为某个事件引发股灾的时候。市场每天发生这么多事，谁知道股灾是不是那个事件引发的，这对我们不重要，只要大家是这么认为的就行了。那么在一段时间内与这个事件相关的变量将享受所有股民的"注目礼"，当这个事件带来的危机解除的时候，很有可能意味着一次反弹。

比如由于美元加息预期增加，导致大盘下跌，然而当决策日到来时，美元并没有加息，这就是抢反弹的好时机。再比如当年社保基金入市的形式是通过国有股划转，原定方案是划转后可直接在二级市场流通，这就相当于非流通股限售解禁。这个消息立即引爆了市场，那段时间只要一提社保基金入市大盘就跳水。然而当国家将社保基金入市政策修改为"国有股划转社保基金后有三年限售期限"后，大盘开始了一波反弹。与之相似的还有注册制风波以及2015年和2016年股市的一系列改革：熔断注册制、战略新兴板。姑且不论2016年年初的暴跌是不是这些改革造成的，但是亏损的股民找不到原因而将目光聚焦在改革上一定是真的。因此，当2016年3月12日中国证监会主席刘士余表示注册制暂缓实施以及3月14日十二届全国人大四次会议对"十三五"规划纲要草案的修订中，删除了"设立战略性产业新兴板"的内容后迎来了一波反弹。

与之对应的，"大利好消失=利空"，比如2015年与两融发展有很大关系的"杠杆牛"在2015年6月12日国家开始限制融资融券之后就结束了，紧接着进入股灾模式。

20.3 方法二：两次三番将递减

1. 寓言

从前有个在山坡上放羊的孩子，有一天，他感到特别无聊，就对着山下的村民大喊："狼来了！狼来了！"正在种庄稼的村民都急急忙忙地冲了上来。第二天，孩子继续对着山下正在种庄稼的村民大喊："狼来了！狼来了！"部分村民还是冲了上来，但人数明显比第一次少。第三天，狼真的来了，孩子大喊："狼来了！狼来了！"但这一次没有村民冲上来了。

2. 方法概述

这种"狼来了！狼来了！"式的呼喊在股市并不少见。近期比较常见的有养老金入市、深港通和美国加息，每当大盘萎靡的时候国家为了给股民信心总会提提养老金入市和深港通。你肯定见过类似这样的新闻："养老金入市箭在弦上""深港通准备就绪""深港通有望×月开通""养老金预计×月入市""深港通真的要来了""养老金入市会开启一波牛市么？"凡此种种，不胜枚举。还有耶伦阿姨（美联储主席）时常说美国打算加息，动不动来撩拨一下中国股民的心，结果往往是说得多做得少。

这样两次三番地提及一件未落实的事，第一次可能对股市刺激很大，那么第二次、第三次呢？等到连续几次相关消息都对股市影响甚微，等到该事件真正落实的时候，该事件可能在股民的潜意识里已经被视为无关紧要的变量了。

由于美元是世界上几乎所有国家的外汇储备货币，美国的这种政策实际上是在把危机转嫁给其他国家。同时，美元加息强化了美国市场对国际资本的吸引力，这将导致国际资本流向发生逆转，不利于新兴市场国家的经济复苏。2015年以来，人民币已经出现了持续的贬值，而此次美元加息则有可能加剧人民币贬值。因此美国加息对A股是一个重大利空，当美国刚提出要加息的时候，大多数股民的目光都被吸引了过去，对耶伦阿姨的关注度比对自己老婆的关注度还高。结果等到预期加息的时候再谈加息，市场的反应显得平淡无奇。

5月的时候每当有与美国加息有关的新闻披露出来，总能引起市场的波动。等到6月23日宣布不加息之后，股市还迎来了一波上涨，然而等到8月的时候，关于9月是否加息的讨论和新闻依然很多，但是被"骗"了多次的股民显然没那么关注了。

20.4 方法三：危机尚存必复返

1. 寓言

从前有一个狼经常出没的小村庄，村庄里有一个猎人。一天，这个猎人拖回一头刚被打死的大着肚子的母狼，他自豪地对乡亲们说："从今以后再也不会有狼来村子里伤人啦！"一个光屁股的小孩天真地问他："那究竟是什么把母狼的肚子搞大的呢？"

2. 方法概述

很多时候我们以为危机已经离我们远去，其实它只是被隐藏或者被推迟，等到时机到的时候它会重新出来。我们要发现这些隐匿起来并未真正消除的危机，就得重视现象与现象之间的联系，就像寓言中的母狼大着肚子说明有公狼的存在。只有这样，我们才能在危机去而复返前做好防备。

2015年股灾之后，证监会7月8日发布公告，要求6个月内，上市公司控股股东及持股5%以上股东（合称为大股东）及董事、监事、高级管理人员不得通过二级市场减持本公司股份，并且要求上市公司必须从"大股东增持、回购股票、董监高增持、股权激励、员工持股计划"这五项措施中选择一个，

为维护股价送上利好。7月8日之后上证指数止跌甚至出现了反弹的迹象，如图
20-1上证指数日K线图1所示。

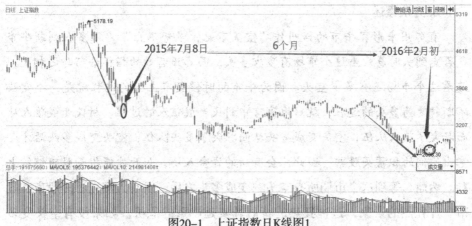

图20-1　上证指数日K线图1

这则消息短期内稳定住了股价，但如果以为今后形势一片大好那就大错
特错了。6个月内，上市公司控股股东及持股5%以上股东（合称为大股东）及
董事、监事、高级管理人员不得通过二级市场减持本公司股份。那么6个月后
呢？继续看图20-1，往后推6个月，大致到2016年2月初的时候这条减持限制就
会解除，我认为2016年年初的股灾除了熔断和注册制之外，跟之前的集中减持
避险也有非常大的关系。

20.5　方法四：空头不死大势判定法

1. 寓言

从前有一个村庄，村里居住着善良淳朴的居民，村外游离着一群狼人，
狼人和村民之间时常爆发斗争。狼人有两个特点：第一，狼人天性嗜血，需
要依靠吸食血肉来存活；第二，被狼人咬过的村民会立马变成狼人。狼人进攻
村庄是为了吸食血肉和壮大狼人队伍。一次狼人和村民的战争中，狼人接连胜
利，所有狼人对未来充满了期盼。每当一个村民被狼人咬住，狼群就会发出兴
奋的嚎叫，变成狼人的村民也立马加入狼人的阵营欢呼喝彩。然而结果却并不
如他们所想的那样，当狼人将村庄里最后一个村民都变成狼人的时候，他们发

现已经没有新的村民可以供他们吸食血肉，这时候由于嗜血天性，狼人开始自相残杀。结果最后壮大狼人队伍的目的没有达到，反而导致狼人数量锐减。

2. 方法概述

有句用来形容牛市的话叫作"空头不死，多势不止"。很多人判断牛市是否走到头时喜欢看这个市场有多少多头，而真正有效的指标恰巧与之相反，是看这个市场还有多少空头。因为牛市的时候股市上行的过程就是一个空头不断转变为多头的过程，就好像寓言中村民变成狼人的过程，村民变成狼人从而壮大了狼人队伍，空头变成多头从而壮大了多头队伍，空头变成多头后才会拿出他们的积蓄买股票，因此才会有新的资金入场，如此才能推动股市继续上行。然而，等到这个市场所有空头都变成多头之后，所有人都在看多股市，股市一片狂热的景象，这种狂热的背后其实是严重的危机。如果没有空头变多头的过程，那么哪来新的资金进入股市，没有新的资金进入股市，股市如何继续上涨。

空头不死，多势不止。所以当我们在一波行情初期看到负面观点不要过度忧虑和质疑，适当的空头恰恰是上涨空间的保证；反而是当我们发现这个市场没人看空了，所有人都在唱多，大家相互含着笑祝贺对方发财的时候我们才需要担心，才需要质疑。空头已死，股市已经没有多少上涨空间了，一旦涨不上去，原先的多头便会开始动摇，先是部分多头变为空头，最后导致一次大崩溃。

20.6　方法五：政策市推断法

1. 寓言

从前有一群被牧羊人圈养的羊，这些羊是否幸福不仅取决于有没有狼的侵犯和有没有草吃，还取决于牧羊人对它们的态度。牧羊人立下的规矩是：每一个月宰杀一只羊，每一礼拜挤一次羊奶，每两个月剪一次羊毛。某天，羊群忽然受到了狼的攻击，很多羊受伤了，羊群感到很恐惧，很多羊日渐消瘦，产奶变少了，羊毛也不光亮了。这时候牧羊人走过来亲切地对羊群说："从今天开始剪毛、挤奶、宰羊的周期都翻倍，你们好好休养，争取长得白白胖胖的。"羊大喜,又开始大口吃草,咩咩叫唤了。

2. 方法概述

中国股市是一个"政策市",这似乎是多年来社会各界已经达成的一个共识。

股市在设立之初是有明确目的的。不管是最初的帮助国企脱困、解决国企融资难的问题还是如今的中小企业IPO都带有明显的政策烙印,都带有阶段性的政策意图。它的功能和目的始终摆脱不了政策的左右,只要这个问题不解决,政策市的实质是不会变的,只不过会变得越来越隐蔽。而在中国,这个特点又特别突出。中国有着一套高效率的管理制度,政策的改变来得特别突然,受其影响,股市的大起大落也就特别明显了,所以我说中国股市是政策市是恰当的。

政策是带有目的性和趋向性的,在一些政策悬而未决的时候,我们或许可以通过了解国家的目的和趋向来判断政策是否会落实,进而判断后市走势。比如下面这个例子:

由于2016年2月底的两次暴跌,导致整个市场沉浸在一种恐慌的情绪中。同时,那段时间大部分的新闻还有股吧的帖子都是讨论关于股市改革和供给侧改革的。股民的投资欲望已经低到了一定程度,股民对改革的质疑也已经积累到了一定程度,这种情况政府是不会坐视不理的。"所谓的改革就像国家给A股这个病人灌药。可就目前来看,病人明显拒绝服药。那么医生一定不会继续猛灌,万一一不小心把病人弄死了,他们去哪收医药费呢!他们甚至会想办法在药外加一层糖衣。"

果不其然,之后政府并没有强推注册制和战略新兴板,而是放缓了改革的进程。

"2016年3月1日,国务院对注册制改革的授权将正式实施。"很多人误解为3月1日将实施注册制,等到3月1日见没有实施便安了心。

2016年3月12日,在十二届全国人大四次会议记者会上,中国证监会主席刘士余表示,注册制是不可以单兵突进的,研究论证需要相当长的一个过程。这也意味着股票发行注册制改革将暂缓施行。

由于政策倾向的改变,A股短期内迎来了一波反弹,如图20-2上证指数日

K线图2所示。

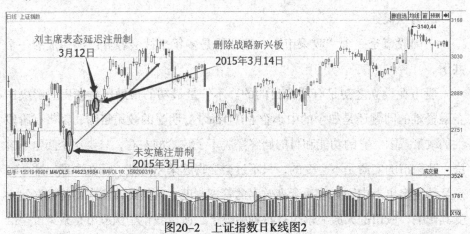

图20-2　上证指数日K线图2

这种方法使用的时候尤其要注意我所说的"抓住主要变量"的前提，因为政策倾向代表的只是国家希望A股走的方向，而市场本身的力量太过庞大，当股灾发生的时候，国家出再多的利好政策，市场也不为所动。尽管股灾发生的时候政策倾向于让股市止跌，我们也能推断出政策的倾向。但是政策并不是那时的"主要变量"，只有当多空双方处于胶着状态，且政策倾向成为股民关注焦点的时候，政策市推断法才能成立。

这是一本提高成功率的书

【原始成功率<50%】

当你初入股市的时候身边的人肯定会告诉你："股市有风险，股民多亏损。"但是你绝不会听他们的劝告，因为当时你心里一定是这么想的：

麻将理论：你把股市比作一桌麻将，把股民比作打麻将的人。打麻将的四个人口袋里的钱的总数是不变的，所以钱总是在一桌麻将的四个人之间流通，有人亏钱自然就有人赚钱。你认为股市也是这样的，有人亏钱自然也就有人赚钱。总是有人要赢的，你相信凭你的聪明才智会成为盈利的人。

事实上真的如此吗？股市中真的有人亏钱就有人赚钱吗？来看看烧饼理论。

烧饼理论：小王有4个烧饼，他卖2元一个，这时4个烧饼的市值是8元。结果全镇只有小李愿意买烧饼，他只愿意出1元，最后经过协商他们以1.5元一个成交。4个烧饼的市值从8元变成了6元，你说那2元谁赚走了呢？

我们经常看到新闻报道说股市蒸发了多少多少市值，其实很多时候这只是一个估值变换的过程，那些钱并没有真的被谁赚走。估值的变换不代表真金白银的流动，这是一方面；另一方面，打麻将是一种零和博弈，而炒股其实是一种负和博弈。与其把股市比作一桌麻将，不如把它比作一个麻将馆更加恰当。

麻将馆理论：去麻将馆打麻将的人都要交一定数额的场地费和茶水费，因此一个麻将馆里所有客户的钱的总数一定是越来越少的，这些钱都被麻将馆老板给赚走了。因此在麻将馆打麻将是一种负和博弈。股市也是一种负和博弈，你每次交易的手续费就像在麻将馆里交的茶水费。如果几个技术相当的人在朋友家里打麻将，那么长期来看他们赚钱和亏钱的概率皆是50%；而如果几个技术相当的人在麻将馆打麻将，长期来看他们都将亏损。

一般散户炒股的难度还不仅如此，还在于相比国家、游资、庄家他们处于弱势地位。

A股食物链

由于炒股是一种负和博弈同时散户在股市处于弱势地位，因此一个散户随意买一只股票的话，他的成功率是小于50%的。这样，散户炒股"一盈二平三亏"的现象就很容易解释了。不过股市中总有些能够长期获利的股民，他们是如何做到的呢？炒股是炒成功率，能够长期获利的股民必定是关注每次交易成功率的股民，只要长期将成功率保持在50%以上，哪怕只是51%，我们就能成为赢家。很多人都知道时间是复利的朋友，在我看来时间不仅是复利的朋友，更是成功率的朋友。

【怎样学习才能提高成功率】

"成为少数人一直是多数人的愿望"，所以很多股民一直在研究那些少数的高手是如何成功的。但是他们发现，学习了高手的经验之后他们的成功率并没有提高。原因在于：首先，每个人有每个人的特点，有的人天生适合价投，有的人天生适合量化，别人的成功模式未必适合你；其次，方法是静态的，而股市是动态的，每种方法都有它成立的条件，等到我们实践的时候可能已经不具备这种条件。尤其在技术分析领域，比如某高手发现用A形态择股很成功，但是这是在只有少数人用A形态择股的时候才成立的。当这个高手出名后A形态被公开，大多数人都采用A形态择股，这时候A形态成立的基础已被改变，A形态还有用吗？

所以我们要多学习他人失败的经验。因为成功者各有各的成功方法，而失败者都跌倒在相似的坑里。如果我们通过学习他人失败的经验，学会如何识别这些失败的坑，岂不是能够大大提高我们的存活率。是的，我在这里所说的是存活率，而不是成功率。活下去是股市第一要义，先保障生存，而后谋求发展，活得久比赚得多更重要。等到我们学会识别和绕开那些"坑"之后，我们再来学习别人的成功经验，但是切记不要先入为主。就如之前所说，每个人有每个人不同的特点，不同类型的投资也有不同类型的投资风格，因此你可以先多看看不同投资风格的书，最后确定哪种风格适合你，再来主攻这一方面。

在多种投资风格之中，很多股民最后选择了技术分析，因为很多介绍金融知识的书对初学者来说显得有些枯燥。而技术分析则不需要什么金融基础，只要会看看图、画画线就行了，所以很多股民都走上了这条路而一去不复返了。我并不是说学习技术分析不好，但是股市没有万金油，每种技术形态要成立一定有它的基础，因此一些金融常识是必不可少的。同时很多技术分析的书内容太含糊，直接对你说出现什么形态应该看多，出现什么形态可以看空。但是书中并没有说为什么要看多，为什么要看空，以及什么情况下这种技术形态才成立。

打个比方，有个技术形态叫作"箱体突破"，是指某股在某段时间内股价振动得有规律，能够明显看出股价振动的上下边界，就像股价在一个箱体中振动一样。而某一天股价到达上边界的时候没有折返而是继续上涨，突破了上边界，这就叫作"箱体突破"。尽管很多书中都会说某股出现这种形态后后市可以看多，但是很少有书解释为什么会这样，以及运用这种形态判断需要哪些前提条件。

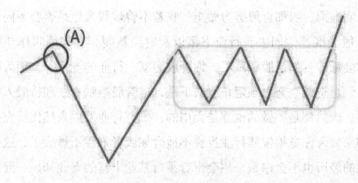

"箱体突破形态"示意图

我们先来说说为什么股价连续几次走到箱体上边界就折返呢？因为在这个位置的套牢盘较多，抛压阻碍了股价的上涨。一般出现箱体形态你往前看一段时间往往能发现箱体上边界的位置和前期高点的位置十分接近，即我在图中标记的A点。因为套牢盘往往集中在高点位置，这是主力出货的位置，而主力会选在有大量承接盘的时候出货。再来看下边界，股价跌倒下边界就反弹，说明股价在这个位置有支撑。而等到几次箱体振动之后突然箱体突破，说明了上边界位置的套牢盘已经基本被消化，股价继续上涨就不会受到集中的抛压，所以后市看多。

然后再来说说成立条件，首先该股不能和大盘走势一致，如果大盘也是这种走势那只能说这种走势只是一种巧合。其次因为是考虑到主力行为的影响的，所以该股盘子不能太大，如果是工商银行那种大盘股，走出这种走势也就是个巧合。我主要研究的不是技术分析，因此如果一本技术分析类的书还解释不到我这种程度，那我觉得也没有看它的必要了。

【为什么是这本书】

炒股的时候，你付出的不仅有金钱资本，同时还有时间资本。对于失败者而言，炒股最大的失败不是损失金钱，而是由此耗去的时间与精力以及本可能成就的另一番事业。

当有人问我炒股该看什么书的时候，如果他不是把投资作为人生目标的话，我绝对不会推荐他去看技术分析类的书籍。因为技术分析只对股票有用，如果你花了几年时间潜心研究技术面，结果技术分析并不适合你，到时候你会发现你那几年学的东西连跟女孩搭讪都用不上。那时候你会后悔，会感叹，叹那多年光阴虚掷，叹那百般努力做土，叹若不曾炒股人生是否会不同。

我一般会推荐他们去看行业书籍以及财经新闻。有句话叫作"如果股票涨了，你会赚钱；如果股票跌了，你会成为某一行业的专家"。因为股价下跌的时候人们总想做些努力来阻止股票下跌，尽管股票跌不跌和持股人做了什么毫无关系。既然都是要做的也都是无用的，研究行业发展自然比研究技术面有好处。如果哪天你觉得按照行业投资不适合你或者索性不炒股了，这些年研究行业发展的经历也不会白费，你会带着某行某业丰富的专业知识一起离开。我推荐他们去看财经新闻也是这个道理，新闻不仅对炒股有帮助，还能开拓人的视野，拓宽人的思维，这一点我有亲身体验。

我家在安徽省的一个小县城，这种小地方没人会提素质教育，老师最常说的一句话就是："只有好好学习，考上好大学，以后才有出路。"作为一个学渣，有时候我也觉得自己真的只能过三流的人生。好在我这个人虽然很有自知之明，但是更有非分之想。由于实在想不出什么逆袭的好方法，初中的时候我就把书店里与金融有关的书全翻了一遍，萌生了炒股的想法，炒股自然得看新闻，于是我从那时开始每天看新闻。新闻真的能够开阔一个人的视野，看了那么多风云际会和风生水起之后，我忽然想成为更好的人。我这个人生菜鸟第一次燃起了成为鹰的希望。"要高飞啊，少年！"

之后我如愿考入了重点高中，也如愿从15岁开始炒股。对于这段经历我满怀感动与感激。感激股市，感激新闻。也正是这个原因，我才想要写这样一本关于股市新闻的书。

最后强调一下：这是一本提高成功率的书，它不仅能让你提高炒股的成功率，还能够提高你在股市中做选择的成功率。股海无涯，道阻且长，这漫漫长路上的每一个岔路口就是一次选择，选择有好有坏，但只要有所收获，终究是一次成功的选择。我希望能够帮助大家在股市中少走弯路，这就是我写本书的初衷了。

最后附上一首打油诗：

曾经跌过补过套牢过，也曾涨过追过翻倍过；
那年无钱无才无际遇，那年有酒有肉有故事。
将数年感悟，化几多文字。
股海听风，风过留声。

谢谢阅读！